ÁNGELES EN GUERRA ESPIRITUAL

ÁNGELES EN GUERRA ESPIRITUAL

MARÍA RAMÍREZ NIEVES

Para pedidos de copias adicionales de este libro, por favor contacte con:
Palibrio
1663 Liberty Drive
Suite 200
Bloomington, IN 47403
Llamadas desde los EE.UU. 877.407.5847
Llamadas internacionales +1.812.671.9757
Fax: +1.812.355.1576
ventas@palibrio.com
427963

ÍNDICE

DEDICATORIA

A quien le pertenece toda la gloria y la honra, a la persona que me ayudó y estuvo conmigo en esta jornada escribiendo este libro, al Espíritu Santo.

"Después hubo una gran batalla en el cielo: Miguel y sus ángeles luchaban contra el dragón y sus ángeles; pero no prevalecieron, ni se halló ya lugar para ellos en el cielo. Y fue lanzado fuera el gran dragón, la serpiente antigua, que se llama diablo y Satanás, el cual engaña al mundo entero; fue arrojado a la tierra, y sus ángeles fueron arrojados con él."

Apocalipsis 12:7-9

INTRODUCCIÓN

Nunca había tenido misiones con ángeles. Cuando el Espíritu Santo trató conmigo sobre los ángeles, jamás pensé que iba a escribir este libro. Solamente creía que era una bendición que Dios me otorgaba porque yo soy su sierva.

Cuando él me llamó a escribir, me habló por un profeta en Puerto Rico; pero yo no entendí. Me dijo el Espíritu Santo: "Escribe, escribe". Al pasar el tiempo, en un sueño me fue confirmando el llamado a escribir. Entonces entendí, pero no sabía el tema sobre el cuál iba a escribir. Mientras tanto, tenía muchas experiencias con los ángeles. En este tiempo, cuando muchos les rinden culto a los ángeles, o están confundidos con la doctrina acerca de los ángeles, el Señor me guía a escribir este libro. A los ángeles no se les rinde culto, sólo se adora a Dios. (Apocalipsis 22:8-9)

"Nadie os prive de vuestro premio, afectando
humildad y culto a los ángeles, entremetiéndose en
lo que no ha visto, vanamente hinchado por su
propia mente carnal," (Colosenses 2:18)

No he encontrado ninguna base bíblica para "contactar ángeles". Nosotros tendremos la ministración de los ángeles, a través de la oración a Dios. Jesús nos enseñó en una situación de peligro.

"¿Acaso piensas que no puedo ahora orar
a mi Padre, y que él no me daría más de doce
legiones de ángeles?" (Mateo 26:53)

Reconozco que los ángeles son una realidad. Jesucristo, nuestro Señor y Salvador, habló de ellos muchas veces. Juntamente con ellos, volaremos hasta las moradas celestiales, cuando ocurra el arrebatamiento de la verdadera iglesia de Jesucristo. Ellos serán nuestra escolta.

Recorra con sus ojos este libro, y entenderá mejor quienes son los ángeles. Su ministerio actualmente es muy desconocido. Por causa del avivamiento en el ocultismo, ellos tienen un poderoso ministerio para los últimos tiempos. Es mi oración que usted sea edificado y se le abran sus ojos a la realidad de estos "espíritus ministradores;" (Hebreos 1:14) que muchas veces le han ayudado, y puede que hasta le hayan librado de la muerte y usted no lo sepa.

CAPÍTULO 1

¿Donde comenzó la guerra espiritual?

"En el principio creo Dios los cielos y la tierra". (Génesis 1:1)

La creación de Dios fue un acto de su voluntad para hacer el universo; lo creó de la nada por su Palabra, y lo hizo para su gloria.

"Por la fe entendemos haber sido constituido el universo por la palabra de Dios, de modo que lo que se ve fue hecho de lo que no se veía." (Hebreo 11:3)
"Porque en él fueron creadas todas las cosas, las que hay en el cielo y las que hay en la tierra, visibles e invisibles, sean tronos, sean dominios, sean potestades; todo fue creado por medio de él y para él." (Colosenses 1:16)

En Génesis 1:2 dice que la tierra estaba "desordenada y vacía" ¡Pero si nuestro Dios es un Dios de orden! ¿Qué ocurrió entre el verso 1 y 2? Guerra espiritual. Ahí comenzó todo. ¿Por qué la tierra estaba "desordenada"? Por los resultados de la guerra espiritual que había ocurrido. ¿Por qué estaba "vacía"? Porque aun Dios no había terminado la creación que se describe en Génesis 1:3 en adelante.

¿Cómo fue esa guerra?

En el principio fueron hechos por Dios los cielos; como él es eterno, (Deut. 33:27) ya moraba en el lugar donde siempre ha tenido su trono celestial. (Apoc. 4:2). Alrededor de él están siempre sus ángeles. (Apoc. 5:11) Entre ellos estaba un querubín, un ángel de luz, muy hermoso, dotado de un grande resplandor y poder. Por causa de su gran belleza y resplandor, surgió en el orgullo y arrogancia, y un gran deseo de tomar el lugar de Dios.

> *"Sobre las alturas de las nubes subiré, y*
> *seré semejante al altísimo." (Isaías 14:14)*

Trató de tomar la autoridad en el cielo, y comenzó a dialogar con los ángeles para contratarlos con el propósito de que fueran sus siervos. Contratar es pactar, convenir. Así que, un grupo de ángeles pactaron con él. ¿Por qué traicionaron a su creador? Fueron confundidos y engañados por la gran belleza, resplandor y poder de este "ángel de luz".

> "
> *A causa de la multitud de tus contrataciones fuiste lleno*
> *de iniquidad y pecaste; por lo que te eché del monte de*
> *Dios, y te arrojé de entre las piedras del fuego,*
> *oh querubín protector" (Ezequiel 28:16)*

Así muchos ven un siervo o sierva de Dios con gran poder y abandonan el lugar donde Dios los tiene, para seguir a un hombre, desobedeciendo a Dios. También se roban las ovejas y surgen las divisiones en las congregaciones. Pablo avisó de esto a los discípulos en su discurso al despedirse en Mileto.

> *"y de vosotros mismos se levantarán hombres*
> *que hablen cosas perversas para arrastrar*
> *tras sí a los discípulos." (Hechos 20:30)*

También en la epístola a Tito escribió:

> *"Al hombre que cause divisiones después de una*
> *y otra amonestación deséchalo, sabiendo que*
> *el tal se ha pervertido, y peca y está condenado*
> *por su propio juicio." (Tito 3:10)*

Hacen lo que hizo este "ángel de luz" en el cielo. Visitan las ovejas de otro Pastor que son débiles y no buscan la perfecta voluntad de Dios, y se van del lugar donde Dios les ha puesto cayendo en desobediencia. Para una oveja moverse de un lugar a otro, para tomar decisiones, hay que orar y "comprobar la buena voluntad de Dios, agradable y perfecta". (Romanos 12:2)

Cuando este "ángel de luz" comenzó a contratar a los ángeles de Dios para que se rebelaran, cayó en pecado y comenzó la primera guerra espiritual. Un ejército tenía a Satanás con sus ángeles, y los ángeles de Dios tenían como líder al Arcángel Miguel, quien cumple misiones especiales de Dios. Fue esta la primera guerra espiritual, en el cielo; en la cual los ángeles que se rebelaron contra Dios, los ángeles caídos, fueron derrotados y echados del cielo junto a Satanás.

> *"¡Como caíste del cielo, oh lucero, hijo de la*
> *mañana! Cortado fuiste por tierra." (Isaías 14:12)*

Desde entonces Dios lo declaró enemigo, adversario que es el significado de su nombre, "Satanás". Allí se juzgó a Satanás. Jesús lo declaro: "el príncipe de este mundo ha sido juzgado". (Juan 16:11) Entonces le echaron del cielo a la tierra, ya no más morada en el cielo, solamente puede presentarse delante de Dios como nuestro acusador. (Apoc. 12:10)

Cuando satanás fue echado del cielo en la condición que estaba, rebelde, derrotado, comenzó a desordenar la tierra. Desde entonces rodea la tierra y anda por ella. (Job 1:7) Nuestro adversario el diablo, como león rugiente anda alrededor buscando a quien devorar. (1 Pedro 5:8)

Efectos de la primera guerra espiritual

Cuando hay una guerra y lanzan una bomba atómica, los efectos de esa bomba alcanzan grandes distancias. Así fue la primera guerra espiritual, ha tenido grandes y terribles efectos en la humanidad. A Satanás y sus ángeles los echaron del cielo y llegaron a la tierra que estaba vacía. El llevó desorden y tinieblas a la tierra, pero el Espíritu de Dios se movía sobre las aguas. Ahí empezó la creación de Dios. Y dijo Dios: Sea la luz… Creó Dios los cielo, la expansión sobre las aguas; llamó Dios a las aguas mares, a lo seco tierra; creó la vegetación, las lumbreras del día y la noche, los seres vivientes, los animales, etc. Dios preparó el ambiente para la obra mayor de la creación: el hombre, creado a imagen y semejanza de Dios. Le dijo Dios al hombre que señoreara en toda la tierra. (Génesis 1:26) Jehová vio que no era bueno que el hombre estuviera solo y le dio una compañera, la cual Adán llamo Eva, que quiere decir, madre de todos los seres vivientes.

En la creación Dios creó solamente dos sexos, "varón y hembra los creo". El "tercer sexo", cuando la persona no sabes lo que es, porque tiene inclinaciones sexuales contrarias a sus órganos sexuales, o deformaciones en sus órganos sexuales; eso no lo creó Dios. Eso es la obra del enemigo, para confundirlo, engañándolo y hacerle sufrir; para que usted crea que hay un "tercer sexo", y como consecuencia usted se pierda en el pecado. Dios hace milagros, transforma, destruyendo la obra del diablo y liberta las vidas de ese engaño y le vuelve a lo normal, a lo que usted realmente es. ¡Poderoso es Dios! Para eso vino Jesucristo, a destruir las obras del diablo. (1 Juan 3:8)

Creó Dios a Adán y Eva, y los puso en el huerto del Edén. Él les había dicho que podían comer de todo árbol del huerto, pero del árbol de la ciencia del bien y del mal no podían comer. Satanás, que había sido echado del cielo, fue al huerto del Edén, por esto Ezequiel escribe:

"En Edén, en el huerto de Dios estuviste." (Ezequiel 28:13) Entro en la serpiente, por eso se le llama "serpiente antigua"; engañó a Eva, quien comió del fruto del árbol prohibido, y le dio a comer a su marido. De esta manera, pecaron contra Dios. Esta fue una guerra espiritual entre Satanás y el hombre; esa guerra "aparentemente" la ganó el enemigo. Como consecuencia, el hombre y la mujer fueron echados del huerto del Edén, lugar de paz y bendición. Por el pecado de Adán, entró el pecado en el mundo, y por el pecado, la muerte. Pero yo tengo grandes y alentadoras noticias para usted.

> *Así que, como por la transgresión de uno vino la condenación a todos los hombres, de la misma manera por la justicia de uno vino a todos los hombres la justificación de vida" (Romanos 5:18) "Justificados pues, por la fe, tenemos paz para con Dios por medio de nuestro Señor Jesucristo." (Romanos 5:1)*

La muerte de Jesucristo en la cruz del calvario por nuestros pecados nos justificó y nos hace vencedores. (Romanos 8:37)

CAPÍTULO 2

Demonios bajo las órdenes de Satanás

¿Cual es el origen de los demonios? ¿Como son? ¿Pueden poseer a los cristianos? Son algunas de las preguntas que muchos se hacen. En el capítulo anterior expuse acerca de los ángeles caídos, los que siguieron a Satanás en la rebelión contra Dios. Esta es una de las teorías sobre el origen de los demonios.

Otra de las teorías sobre el origen de los demonios establece que los demonios son el resultado de la unión de los hijos de Dios (ángeles) y las hijas de los hombres. Su base escritural es esta:

> *"que viendo los hijos de Dios que las hijas de los*
> *hombres eran hermosas, tomaron para sí mujeres,*
> *escogiendo entre todas." (Génesis 6:2)*
> *"Había gigantes en la tierra en aquellos días, y*
> *también después que se llegaron los hijos de*
> *Dios a las hijas de los hombres, y les engendraron*
> *hijos. Estos fueron los valientes que desde la*
> *antigüedad fueron varones de renombre." (Génesis 6:4)*

Se conoce muy poco sobre esta teoría.

¿Como son Satanás y los demonios?

Los fariseos acusaron a Jesús de que echaba fuera a los demonios por Belcebú, príncipe de los demonios. Él les responde: "Si Satanás echa fuera a Satanás, contra sí mismo, está dividido, ¿Cómo, pues, permanecerá su reino? Pero si yo por el Espíritu de Dios echo fuera los demonios, ha llegado a vosotros el reino de Dios". (Mateo 12:24-28) Jesús reconoce a Satanás como el príncipe de los demonios, y que tiene un reino. Los demonios tienen sus características y las podemos encontrar en las Sagradas Escrituras:

Engañadores (1 Timoteo 4:1)
Malos (Efesios 6:12)
Inmundos (Marcos 1:27)
Numerosos (Marcos 5:8-9)
Andan en lugares secos (Lucas 11:24)
Poseen los seres humanos (Marcos 5:7-8)

Algunos de los casos de posesión demoniaca:

Mudez (Mateo 9:32)
Epilepsia (Marcos 9:18)
Intentos suicidas (Mateo 17:15)
Viven en los sepulcros (Marcos 5:1-5)

¿Puede un demonio poseer a un cristiano?

Se supone que no, pero si el cristiano peca, le abre las puertas al enemigo y él podría poseer ese cuerpo. Las puertas de entrada de los demonios en un cristiano son los pecados.

"al que aportillare vallado, le morderá
la serpiente." (Eclesiastés 10:8)

Aportillar es hacer una abertura. Si un cristiano peca, hace una abertura en su vida para que el enemigo entre a atacarle; si abre una puerta, le morderá la serpiente. Satanás, la serpiente antigua, entrara y hará estragos en su vida. Pero si un cristiano lleva una vida limpia de pecado, puede mantenerse libre de demonios, Jesús aconsejo a sus discípulos que tuvieran todo su cuerpo en luz, sin tinieblas en ninguna parte.

> *"Así que, si todo tu cuerpo está lleno de luz, no teniendo parte alguna en tinieblas, será todo luminoso, como cuando una lámpara le alumbra con su resplandor." (Lucas 11:36)*

Puede darse la situación también, de personas que llegan al evangelio con demonios, y si no se les ministra liberación cuando reciben a Jesucristo, tales personas son salvas pero no libres de esos demonios. Estarán libres si se cumple en ellos la orden que dio Jesús, de echarle fuera los demonios. (Marcos 16:17) Es por esto, que el apóstol Pablo aconseja que nos "limpiemos de toda contaminación de carne y de espíritu." (2 Corintios 7:1)

Son engañadores

Satanás y sus demonios aun siguen engañando a través de falsas doctrinas, religiones, movimientos espirituales y otros. Uno de ellos es la "Nueva Era". Escribo sobre esto porque entre sus falsas creencias está la adoración a los ángeles. Es una mezcla de espiritismo, astrología, religiones orientales, sanidades a través de objetos místicos (piedras preciosas y cristales de cuarzo) culto a los ángeles, etc.

Creencias de la Nueva Era:

1. Astrología- La Nueva Era dice que el cristianismo ya pasó, que este era bajo el signo de piscis, representado por un pez, símbolo de la iglesia

primitiva. Ahora estamos en la era de acuario, y se ha derramado sabiduría para guiar la humanidad a una nueva espiritualidad, que no es otra cosa, que la Nueva Era. (Nueva Era, Engaño Sutil, Parte I, Carmín Ramos, págs. 10-11)

Entonces su base espiritual está en los signos del zodiaco. Nuestra autoridad, son las Sagradas Escritura, que fueron escritas con la guianza del Espíritu Santo de Dios. Cuando el rey Josías, rey de Judá, hizo sus reformas para volver al pueblo a Jehová sacó al dios Baal, al sol y a la luna y a los signos del zodiaco, y a todo el ejército de los cielos, porque todas estas cosas eran creencias erróneas. (2 Reyes 23:5) Y hubo un grande avivamiento. Saquemos esto de nuestras vidas, para que haya un grande avivamiento.

2. Espiritismo- Creen en la reencarnación, pero las Sagradas Escrituras dice: "que está establecido para los hombres que mueran una vez, y después de esto juicio." (Hebreo 9:27) Tienen sus médiums, les llaman canalizadores, que caen en un trance y permiten que un espíritu (demonio) hable por ellos. (Deut. 18:10-12)

3. Tercer ojo- de acuerdo a sus enseñanzas, está en el centro de la frente, y da capacidad para ponerse en contacto con el mundo espiritual.

4. Religiones orientales- Yoga es el camino a seguir para descubrir a Dios dentro de uno mismo, y tiene origen en el hinduismo. Es una religión politeísta y panteísta. Siva es el dios más importante, es el dios de las fuerzas destructivas y tiene una serpiente alrededor del cuello. Kundalini, otro de sus dioses, es una energía que se canaliza desde la base de la espina dorsal. La representación de ella es una serpiente. Mediante la práctica de la meditación, esta energía se despierta y da fortaleza y sana. (Kundalini Yoga, as Yogi Bhajan, pág. 10) yoga es presentada como algo bueno para la salud, con ejercicios físicos, como algo científico en el occidente, pero no es más que un disfraz que usa la "serpiente antigua," Satanás. (1 Pedro 2:24) Le

dan mucho énfasis a la meditación. Ponen la mente en blanco, caen en trance, (estado de suspensión de los sentidos durante el éxtasis místico) abriéndole las puertas al enemigo, que les da experiencias espirituales. Nunca se debe dejar la mente en blanco. Hay que meditar en Dios y en las Sagradas Escrituras, "porque entonces hará prosperar tu camino, y todo te saldrá bien". (Josué 1:8)

> *"tu guardaras en completa paz a aquel cuyo pensamiento*
> *en ti persevera; porque en ti ha confiado." (Isaías 26:3)*

Entre los símbolos orientales está el dragón, el árbol de la fertilidad, las geishas (prostitutas oriénteles) los elefantes, el ying-yang y otros. Todos estos abren puertas a los demonios en su casa, porque estas religiones orientales son ocultistas.

5. Sanidades a través de objetos místicos- Creen que el cuarzo y las piedras preciosas tienen poderes, sanan, protegen a las personas de peligros, eliminan dolores y más. (Nueva Era, Engaño Sutil, parte II, Carmín Ramos de López, págs. 32-33) Las promesas de Dios y sus bendiciones, basadas en la muerte y sacrificio de Jesucristo en la cruz del calvario, ellos se la adjudican al cuarzo y a las piedras preciosas. ¡Que blasfemia!

6. Culto a los ángeles- La Nueva Era ha traído un avivamiento en rendir culto a los ángeles. Ellos enseñan como "contactar ángeles." Las Escrituras enseñan que a quien tenemos que contactar es al Padre en el nombre de Jesucristo, (Juan 14:13) no a los ángeles.

    Cindy Jacob, Presidenta de Generales de Intercesión, un ministerio internacional de oración, guerra espiritual y rompiendo el poder del ocultismo, en su libro Libéranos del mal, Casa Creación, pág. 120 dice: "pídale al señor que lo proteja con sus ángeles." Ella ora al Señor, no contacta los ángeles.

    Carmín Ramos de López en su libro Nueva Era, Engaño Sutil, parte I, pág. 38, explica como esta falsa doctrina contacta los ángeles.

En un anuncio de un periódico de Puerto Rico apareció un titular: "Conéctate con tu ángel, y decía; un programa educacional que te enseñara a desarrollar tus habilidades naturales para que puedas comunicarte con tus propios ángeles". Ella señala en su libro el error de contactar los ángeles y enseña que se debe orar al Padre en el nombre de Jesús, no a los ángeles.

He aprendido a amar a los ángeles. Ellos nos aman y nos cuidan, pero no los contacto, no los adoro, ni les rindo culto. SOLO SE ADORA A DIOS. No tengo imágenes, ni estatuas de ellos. (Éxodo 20:4-5) Vea como Juan fue reprendido por el error de adorar ángeles:

> *"Yo Juan, soy el que oyó y vio estas cosas. Y después que*
> *las hube oído y visto, me postre para adorar a los pies*
> *del ángel que me mostraba estas cosas. Pero él me*
> *dijo: Mira no lo hagas; porque yo soy consiervo tuyo, de tus*
> *hermanos los profetas y de los que guardan las palabras*
> *de este libro. Adora a Dios." (Apoc. 22:8-9)*

Para este tiempo, donde la guerra espiritual se está haciendo cada día más fuerte, por cuanto se está enseñando la brujería y satanismo con tanta libertad, nuestro Señor Jesucristo está asignando mayor cantidad de ángeles a los ministerios. Está reforzando los ministerios. Lo primero que el pueblo de Dios debe saber es que los ángeles están sujetos a Jesucristo.

> *"quien habiendo subido al cielo está a la*
> *diestra del Dios; y a él están sujetos los ángeles,*
> *autoridades y potestades." (1 Pedro 3:22)*

Estos ángeles que ministran con nosotros, han sido asignados por Jesucristo y siguen sujetos a él, no a nosotros. Para que ellos se manifiesten o ministren con nosotros, es necesaria la oración al Padre en el nombre de Jesucristo, a quien ellos están sujetos. Es un peligro "contactar ángeles", podemos caer en falsas doctrinas. Además, recuerde usted amado lector, que un punto importante para ganar la guerra espiritual es estar de acuerdo con la Palabra de Dios.

7. Proyección astral- Una noche de vigilia, mientras oraba, entro a mi habitación una bruja en su cuerpo espiritual, lo que en el ocultismo se llama "proyección astral". Venia de parte de Satanás con una oferta; mucho dinero y otras cosas, si yo trabajaba para él. Yo respondí que nunca trabajaría para Satanás, no importa lo que ofreciera. Al negarme, se lanzó sobre mí para ahorcarme. La cobertura del Espíritu Santo no se lo permitió, ni siquiera sentí sus manos tocarme. La escolta de ángeles guerreros que me cuidan, vino inmediatamente en mi ayuda y la sacaron.

"El ángel de Jehová acampa alrededor de los
que le temen y los defiendo" (Salmo 34:7)

No son leyendas antiguas, todavía las brujas vuelan por los aires en una proyección astral que es la separación por un tiempo del cuerpo espiritual y el cuerpo físico. Los de la Nueva Era practican esto.

En la proyección astral, el cuerpo espiritual se sale del cuerpo físico y va donde quiere y hace lo que quiere. Los que han tenido esta experiencia espiritual, dicen que un cordón de plata une su cuerpo espiritual y su cuerpo físico; así lo describió Shirley Mac Laín, líder de la Nueva Era en la miniserie de T.V. "Out of a limb." Este cordón de plata es lo que mantiene viva a la persona. Salomón en Eclesiastés, hablando de la muerte dice: "antes que la cadena de plata se quiebre." (Ecl. 12:6) Algunos creen que el rey Salomón aprendió y experimento proyección astral con sus esposas paganas (Ecl. 1:13) antes de arrepentirse y decir: "El fin de todo el discurso oído es este: Teme a Dios, y guarda sus mandamientos; porque esto es el todo del hombre." (Ecl.12:13) La proyección astral se logra entrando en meditación y dejando la mente en blanco. Así se abren las puertas al enemigo que domina la mente y el espíritu de los ocultistas, entonces ocurre la separación del cuerpo físico.

"Hay cuerpo animal, y hay cuerpo
espiritual." (1 Cor. 15:44)

Vuelan por los aires, van donde quieren y hacen lo que quieren, tienen poder. La proyección astral es un grave pecado contra Dios, porque el único que tiene la autoridad final de separar el espíritu del cuerpo en el momento de la muerte es Dios.

"Porque como el cuerpo sin espíritu está muerto,
así la fe sin obra es muerta." (Santa. 2:26)

También con algún propósito de revelación, bajo su orden, como en el caso de Juan en Apocalipsis 4:1. Él fue llevado al cielo en el espíritu, pero no fue a través de proyección astral. Dios dio una orden, "sube acá," para que el estuviera ante su presencia. Juan no hizo lo que quiso, sino que fue llevado al cielo en el espíritu por orden de Dios, con un propósito; revelarle las cosas que habían de suceder. (Apoc. 4:1-2)

Si una persona con los poderes del enemigo separa su cuerpo espiritual de su cuerpo físico, está jugando con la muerte. Algunas brujas cuando reciben a Jesucristo como su Salvador, siguen usando la proyección astral que aprendieron cuando pertenecían al reino de las tinieblas. Pero Dios "nos ha librado de la potestad de las tinieblas y trasladados al reino de su Hijo". (Col. 1:13) Si no dejan de usar esos poderes, Satanás las reclama y recibirán fuertes ataques de su antiguo amo, y hasta la muerte.

Nuestro adversario, el diablo, quiere que el hombre aprenda a tener el control de su cuerpo espiritual, porque entonces el tendrá el poder sobre usted, pues usted está en pecado. Por eso algunas falsas doctrinas enseñan el tercer ojo, para que el hombre entre al mundo espiritual con los poderes del enemigo y aprenda a usar esos poderes sobrenaturales. Tendrá usted poder, pero no tendrá paz, pues su alma estará perdida para siempre.

8. Pokemon- Uno de los seguidores de la Nueva Era. Hipnotiza y usa piedras preciosas para su transformación. Hoy en día tiene programas de televisión y películas, pero lo que más vemos de Pokemon son las tarjetas que se intercambian. Los Pokemon enseñan cosas negativas; violencia, ocultismo, maldiciones, obsesiones y mucho más. "En su libro Pokemon and Harry Potter: A Fatal Atraction (Pokemon y Harry Potter: Una atracción fatal) el Pastor Phil Arms hace un excelente trabajo al demostrar como Pokemon encarna características de la Nueva Era y del ocultismo." (Libéranos del mal, Cindy Jacob, pág. 38)

9. Otras creencias- adoran la tierra, le llaman la diosa Madre Tierra. Grandes líderes de la ecología del mundo son seguidores de la Nueva Era. Ciertamente hay que cuidar el ambiente, pero no adorarlo. (Nueva Era, Engaño Sutil, Parte II, Carmín Ramos, pág. 10-11)

Este movimiento espiritual, pero más que nada intelectual, habla de un ser supremo, un Padre, un Cristo, la Verdad, un Amor Infinito. Pero no es el verdadero cristianismo, pues niega la divinidad de Jesús y su regreso a la tierra. Afirman que "el espíritu de cristo" estuvo en grandes líderes orientales como Gandi, Krishna, Buda, Mahoma y otros. Por esto, en los lugares donde se reúnen están sus imágenes. Es imposible que el Espíritu Santo, el Espíritu de Cristo este en falsos profetas; ahí hay otro espíritu.

La Nueva Era tiene relación con los masones, un movimiento secreto y ocultista con una mezcla de creencias. "La Revista de la Nueva Era es publicada por El Supremo Concilio Madre del Mundo, El Supremo Concilio del Grado Treinta y Tres y Ultimo,

El Antiguo Rito Escoces de la Francmasonería, Jurisdicción Sureña, Estados Unidos de Norteamérica, con sede en Washington, D.C." (La destrucción de fortalezas en su ciudad, C. Peter Wagner, pág. 193, Editorial Betania)

Propósito de la Nueva Era

Detrás de todas estas falsas creencias, está el propósito de la Nueva Era, apartar nuestros ojos de Jesucristo, nuestro divino Salvador. (Hebreos 12:2) Ellos tratan de unir muchas creencias, dejando afuera el verdadero cristianismo. Afirman que Jesús no es divino, y que hay que establecer un gobierno mundial sin él. ¿Será esta la iglesia del anticristo?

Estas falsas enseñanzas de la Nueva Era están teniendo aceptación en el mundo, confundiendo aun los cristianos. ¡Alerta Pastores! A veces ellos llegan a sus congregaciones a confundir sus ovejas. Oremos por los seguidores de la Nueva Era. Oremos con oración de guerra; desatándolos de los espíritus de falsas doctrinas y atándolos a Cristo en fe, para que no se pierdan y salgan de su error.

"De cierto os digo que todo lo que atéis en la tierra,
será atado en el cielo, y todo lo que desatéis
en la tierra, será desatado en el cielo." (Mateo 18:18)

¡Tomemos el territorio que ha ganado la Nueva Era!

Movimiento G-12

G-12 es otra falsa doctrina; es una herejía, doctrina contraria a la Palabra de Dios, sostenida con obstinación y audacia. Su líder enseña que su gobierno eclesiástico está profetizando en el libro del profeta Habacuc.

"Y Jehová me respondió y dijo: Escribe la visión,
y declara en tablas, para que corra el que leyere

en ella. Aunque la visión tardara aun por un
tiempo, más se apresura hacia el fin, y no mentira;
aunque tardare, espéralo porque sin duda,
vendrá." (Habacuc 2:2-3)

En el libro del profeta Habacuc lo que sucede realmente, es que él presenta a Dios su queja sobre la injusticia del gobierno corrupto en Judá, donde "sale torcida la justicia." (Habacuc 1:2-3) Describen a los hombres que están como los peces del mar y como reptiles que no tienen quien los gobierne. (Habacuc 1:14) Se refiere esta profecía al gobierno humano en Judá. Jehová le responde al profeta que el enviara un juicio a Judá, a los caldeos "nación cruel y presurosa, que camina por la anchura de la tierra para poseer las moradas ajenas". (Habacuc 1:6) "Toda ella vendrá a su presa", recogerá cautivos como la arena", "escarnecerá a los reyes, y de los príncipes hará burla". (Habacuc 1:9-10) Además le dice que esperara, que la visión se cumpliría, aunque tardara. (Habacuc 2:2-3) Esta visión se cumplió cuando los caldeos en el siglo VII. a. C. derrotaron a Egipto y después subieron y atacaron a Joaquín de Judá. (2 Reyes 24:8-16) La visión que habla Habacuc es de un juicio para Judá. Los mejores exegetas de las Sagradas Escrituras coinciden en esto. Las autoridades del movimiento G-12 afirman que esta visión se refiere a que en el tiempo del fin surgirá su gobierno eclesiástico, el movimiento G-12. Pero el único gobierno que traerá justicia para el tiempo del fin, es el reinado milenial de Cristo. Entendemos que el G-12 pretende usurpar el lugar del reinado de Cristo, el lugar de Dios. Se está moviendo aquí el espíritu de anticristo. No que su líder sea el anticristo, pero tiene ese espíritu. Es ahí donde este movimiento se constituye en una gran herejía.

"Hijitos, ya es el último tiempo; y según
nosotros oíste que el anticristo viene, así ahora
han surgido muchos anticristos; por esto
conocemos que es el último tiempo." (1 juan 2:18)

Cuando una organización eclesiástica tiene doctrina contraria a las Sagradas Escrituras, le abre las puertas al enemigo para que entre a operar en esa organización. Aquí es donde empieza una grande batalla entre los espíritus de herejías y los ángeles de Dios, para guardar a los verdaderos siervos de Dios, a los ordenados para la vida eterna. (Hechos 13:48) Estos son los que salen del movimiento G-12 porque verdaderamente son de Dios. Conozco personalmente algunos que han salido de ahí y están denunciando esta herejía. Me relataron lo que ocurrió en uno de esos retiros que ellos llaman "Encuentros".

La congregación a la que ellos pertenecían ya había crecido, tenían aproximadamente 100 personas cuando llego el movimiento G-12. Eran personas salvas, que ya habían sido lavadas con la sangre de Cristo. G-12 les hizo escribir en un papel los pecados que ya Jesucristo les había perdonado.

"Al que nos amó, y nos lavó de nuestros
pecados con su sangre." (Apoc. 1:5)

Cuando echaron los papeles en un hoyo para quemarlos, demonios comenzaron a salir del hoyo y varias personas se endemoniaron. ¿Por qué sucedió esto? El sacrificio de Jesucristo en la cruz fue blasfemado. Pecados que ya habían sido echados en lo profundo del mar fueron sacados para fuera otra vez, como si no hubieran sido perdonados. En ese momento quedo abierta una puerta al enemigo para entrar y atacarles.

G-12 afirma que el sacrificio de Cristo en la cruz del Calvario no es suficiente para ser libres; que es necesaria su extraña liberación para ser libres. En esta extraña ministración se practica la regresión. Mediante hipnosis, las personas entregan su voluntad y su mente a la persona que le ministra y los lleva hasta la posición fetal. De ahí vuelven a llevarlos hacia delante, ellos afirman que este es el nuevo nacimiento. ¡Que blasfemia! En este procesamiento investigan cuales fueron los problemas en su vida, para que perdonen a todos, incluyendo a Dios. Aquí hay otra falla teológica. Si tenemos que perdonar a Dios, quiere decir que Dios fallo, y Dios no falla. Nosotros somos los que fallamos.

En las Sagradas Escrituras no vemos a Jesús practicando hipnosis, ni regresión; si le vemos echando fuera demonios y sanando los enfermos. No le vemos enseñando que tenemos que perdonar a Dios, sino que Dios nos perdona a nosotros. Además de esto hay una serie de inventos que no están en las Escrituras, como la ceremonia en tinieblas, caminando a oscuras en medio de muchas velas encendidas. Todo esto tiene un aspecto de ocultismo.

Enseñan un discipulado diferente. Es un entrenamiento donde se infiltra en las mentes su visión, su doctrina de ideas equivocadas. Se exalta al movimiento G-12, y no a Dios y su Palabra. Las Sagradas Escrituras hablan de la gran comisión, todos tenemos que cumplirla pero no bajo presión. Algunos dan un tiempo para que cada uno traiga sus 12 personas. El dar un tiempo para traer las almas no está en la Escrituras. Si la persona no trae sus 12 personas a tiempo, le dicen que Jesús maldijo la higuera porque no tenía frutos. ¿Quiere usted que Jesús lo maldiga? "No" Pues traiga sus 12. Esto es usar la Escritura para manipular e intimidar. Sus líderes no pueden ser cuestionados, su palabra es la autoridad final. G-12 promueve la violencia. En su página en el internet, salió un llamamiento para atacar y destruir un grupo de ministerios cueste lo que cueste. Si ellos consideran que esos son sus enemigos, Jesucristo enseño a sus discípulos que debemos de amar y orar por los enemigos.

"Pero a vosotros los que oís, os digo: Amad
a vuestros enemigos, haced bien a los
que aborrecen." (Lucas 6:27)

Los que caen en esta herejía y permanecen, son los que ponen su mirada en el hombre y no en Dios, los que no llevan una vida de oración, los carnales que sienten atracción por lo material y los deleites de la carne. Los que caen en esta herejía, pero estudian las Escrituras, los que buscan la unción del Santo y conocen las cosas, se dan cuenta que es una falsa doctrina y salen rápido. Son ellos los que actualmente están dando voces dentro del pueblo de Dios.

Pastor no deje sus principios bíblicos para abrazar esta falsa doctrina. No lo haga, aunque le ofrezcan todo el oro del mundo. Recuerde que Dios es el verdadero dueño del oro y la plata y eso es para sus hijos… nosotros. Si Dios le guio a tener 12 ó 15 líderes en su iglesia, a dar cultos en los hogares, a tener células, pero no tiene ningún nexo o unidad con el movimiento G-12, ni práctica sus aberraciones, prosiga adelante. Pero que sea el Espíritu de Dios guiándole en todo, (Romanos 8:14) que esté en las Sagradas Escrituras lo que se haga. (Hechos 17:11) Es muy importante que como Pastor, usted enseñe a su rebaño que la fuente de autoridad nuestra son las Sagradas Escrituras.

¿Ángel mujer o ángel hombre?

Recibí una llamada telefónica desde otro país, donde me preguntaban sobre la doctrina de los ángeles. La hermana había estado en una conferencia donde se enseñó que había ángeles hombres y ángeles mujeres. Le respondí lo que dicen las Escrituras sobre este asunto, que no es cierto que hay ángeles mujeres. Yo conozco a Gabriel y al Arcángel Miguel, pero ángeles mujeres no. Paso el tiempo y un hermano me llamo del estado de Alabama, y me dijo que había visto un DVD de un famoso evangelista. El testificaba que un día que estaba enfermo, en cama, su esposa le dijo: "Mira lo que hay ahí." El miro y no vio nada. Oro a Dios pidiendo ver lo que estaba viendo su esposa. Cuando volvió y miro, lo que vio fue un "ángel mujer." Inmediatamente le dijo; "Te echo fuera de aquí en el nombre de Jesús, porque en la Biblia no hay ángeles mujeres." Cuando reprendió, fue sano y se levantó de la cama. Era un demonio que los quería engañar. Algunas iglesias ya están dejando entrar esta doctrina errónea de "ángeles mujeres."

He tenido también experiencias con demonios que han fingido ser ángeles de Dios, pero el discernimiento de espíritu me dice que no lo son. Los veo con una cara fea, así el Espíritu Santo me los revela. Los echo fuera en el nombre de Jesús y se van huyendo.

*"Y no es maravilla, porque el mismo Satanás se
disfraza como ángel de luz." (2 Corintios 11:14)
"Amados no creáis a todo espíritu, sino probad
los espíritus si son de Dios." (1 Juan 4:1)*

Íncubo y súcubo, demonios sexuales

Algunas personas tienen sueños muy sexuales, o a veces se les aparece de noche en su habitación, alguien del sexo opuesto que tiene relación sexual con ellos. Algunos les llaman pesadillas, pero son ataques demoniacos. Estas experiencias ocurren cuando una persona no es cristiana. Lamentablemente, a veces ocurren a los cristianos cuando han abierto una puerta al enemigo. Si la víctima es un hombre, al demonio se le llama súcubo, demonio que tiene relación sexual con un hombre bajo la apariencia de una mujer. Si el blanco de ataque es una mujer, al demonio se la llama íncubo, demonio que tiene relación sexual con una mujer bajo la apariencia de un hombre. El propósito de esto, es despertar la persona a la sexualidad, es el primer paso. Luego el enemigo trabaja en la mente tentándole por un tiempo, finalmente aparece una persona enviada por el enemigo para hacerle pecar.

¿Qué hacer ante esta situación? Si usted no ha recibido a Jesucristo como su único Salvador y Señor, urge que lo haga cuanto antes.

*"Más a todos los que lo recibieron, a los que
creen en su nombre, les dio potestad
de ser hechos hijos de Dios." (Juan 1:12)*

La sangre preciosa de nuestro Señor Jesucristo, le cubrirá de estos ataques, si usted vive en obediencia a él. Además el poder del Espíritu Santo le guardara de todo mal.

Si la persona es cristiana, ore a Dios para que le revele cual es la puerta abierta que ha provocado esto y arrepiéntase de su pecado. Finalmente alguien debe orar por la persona afectada. Después de esto, que es lo más importante, se debe orar por la habitación y pedirle al Padre que envíe ángeles que le guarden mientras duerme. Si aun persisten los ataques, debe seguirse buscando en oración la puerta abierta que está causando esto. No se detenga, no se rinda, Dios es bueno y siempre tiene la respuesta.

"Como el gorrión en su vagar, y como la
golondrina en su vuelo, así la maldición
nunca vendrá sin causa." (Prov. 26:2)

Confusión e infiltración de falsas enseñanzas

Para el tiempo final habrá mucha confusión de doctrina, la persona que no esté firme en el conocimiento de las Sagradas Escrituras, caerá. El enemigo confundirá primero, después infiltrara falsa doctrina. Recuerdo una noche cuando íbamos para una actividad en otra congregación. Al entrar en el templo, en el área del vestíbulo, vi un cuadro grande con la imagen de un ángel cuidando los niños por un camino solitario, era el llamado "ángel guardián," o "ángel de la guarda." Frente al cuadro había una gruesa vela blanca encendida. Así se estaba honrando esa imagen. Quebrantando la Palabra de Dios que dice:

"No te harás imagen, ni ninguna semejanza
de lo que está arriba en el cielo, ni abajo
en la tierra, ni en las aguas debajo de la tierra. No
te inclinaras a ellas ni las honraras." (Éxodo 20:4-5)

De estas cosas nos advierte el apóstol Juan:

"hijitos guardaos de los ídolos" (1 Juan 5:21)

Las velas no tienen origen bíblico. "Las velas no se conocían en aquella época." (Diccionario Ilustrado de la Biblia, Wilton M. Nelson, editorial Caribe, pág. 368) Se iluminaban con vasijas con una mecha llena de aceite. Las velas han sido muy usadas por los druidas, sacerdotes del pueblo celta en Europa. Eran considerados sabios y orientaban al pueblo. Creían en la meta física, (lo que hay después de lo físico) en la reencarnación y en los poderes sobrenaturales. El 31 de octubre celebraban la fiesta dedicada a Samahin, dios de los muertos. Creían que los espíritus de los muertos venían a molestar a los vivos, pues Samahin les autorizaba a salir. Encendían fogatas para espantar estos espíritus. Les dejaban en la puerta comida y regalos para detener la maldad de ellos. Para agradar a Samahin (Satanás) ellos hacían ritos y sacrificios humanos y de animales. Esa noche los druidas salían disfrazados, para no ser reconocidos. Iban por las casas buscando sus víctimas para los sacrificios. Era noche de terror. Se escuchaban gritos de los druidas golpeando las puertas, demandando víctimas para los sacrificios. Se escuchaban los gritos de las víctimas que tomaban para ser quemados vivos. Si no le daban lo que ellos demandaban, les quemaban las casas, las cosechas o les pintaban un signo satánico en el frente de la casa y alguien moría esa noche. Los druidas gritaban que se hiciera un trato, o si no les harían maldad. Este es el origen de la frase "Trick or treat" el día de Halloween, día de las brujas. La costumbre de ir de casa en casa pidiendo dulces mientras se está disfrazado se remonta a aquella fiesta. Este es el origen del día de las brujas, Halloween. No creo yo, que una persona que se dice ser cristiana, deba unirse a esta celebración. Desde entonces se usan las velas en las prácticas de ocultismo y para invocar los espíritus.

Al ver en este templo, esta imagen con una vela encendida, me recordé de las iglesias paganas. ¿Por qué encender una vela en un área perfectamente iluminada con luces eléctricas? Se estaba honrando una imagen. ¿Por qué honrar imágenes, si nosotros tenemos a un Cristo vivo, que es nuestra luz?

"Yo soy la luz del mundo, el que me sigue,
no anduviera en tinieblas, sino que
tendrá la luz de la vida." (Juan 8:12)

Y esto estaba ocurriendo en una congregación perteneciente a una supuesta organización de iglesias cristianas de sana doctrina, muy respetable, muy seria y conocida a nivel internacional. ¡Quedé sorprendida! Así el enemigo confunde y va infiltrando falsas enseñanzas. Se van abriendo las puertas para que el enemigo opere y tome el territorio. Aun cristianos de años serán engañados y confundidos si no escudriñan las Escritura como Jesucristo ordeno. (Juan 5:39)

Me disponía alegremente a ungir un apartamento de unas hermanas en la ciudad. Al llegar, saludé y comencé a ministrar las personas que allí se encontraban. Repentinamente miré hacia un lado de la sala y observé una gruesa vela blanca encendida. Siendo de día y habiendo un amplio ventanal de cristal por el cual entraba luz, no comprendí el motivo de aquella vela encendida. Pregunté ¿Qué significado tenía aquella vela? Una de las dos hermanas que vivía en el apartamento me explicó que una hermana cristiana le había aconsejado que tuviera una vela blanca encendida, se arrodillara y le pidiera al Padre que enviara el espíritu de su compañero recién muerto para que orasen juntos y hablasen. Tratándose de que ella era una persona convertida a Cristo desde hacían ocho años, yo me escandalice de aquello.

> *"Mi pueblo fue destruido porque le*
> *falto conocimiento." (Oseas 4:6)*

Las Sagradas Escrituras nos enseñan así:

> *"Y el hombre o mujer que evocare*
> *espíritu de muertos o se entregare a la*
> *adivinación, ha de morir." (Levítico 20:27)*

¿Por qué una sentencia tan fuerte? Porque estas cosas acercan a las personas a los demonios. ¿Como? Sepa usted que los muertos no pueden salir de su lugar después que han sido juzgados por Dios y puestos en el lugar que el determino, paraíso o infierno. (Lucas 16:19-31). Entonces ¿Quienes son los que aparecen cuando se evocan (llamar las almas de los muertos) personas que han muerto? Demonios. Bien dicen las Sagradas

Escrituras que Satanás es padre de mentira. Cuando se evocan los muertos, se hace algo contrario a la Palabra de Dios, se peca, lo cual abre una puerta al enemigo.

"No deis lugar al diablo." (Efesios 4:27)

Si desobedecemos la Palabra de Dios, evocando los muertos, le damos lugar al diablo y el entrará y engañará a las personas haciéndose pasar por los muertos que llaman. Amado hermano abramos bien los ojos; es el tiempo final, donde el enemigo usara poderosamente la herramienta de la confusión. Razón por la cual, debemos de buscar de Dios en lo profundo, de inquirir en su templo, pedirle a él que nos aclare todas las cosas. ¡Tenga cuidado a quien usted invita a predicar a su congregación! ¡Pastor, tenga cuidado con esas personas que llegan a su congragación que enseñan cosas raras, que no están en las Sagradas Escrituras, ni tienen guianza del Espíritu Santo!

Fin de Satanás y los ángeles caídos

Satanás tiene un reino aquí en la tierra, y a él le llaman "el príncipe de este mundo." (Juan 14:30) Hay una guerra espiritual entre Satanás y los ángeles caídos contra los ángeles de Dios y nosotros. Pero somos vencedores en Cristo, porque el estará con nosotros todos los días, hasta el fin del mundo. (Mateo 28:20)

Ya está cerca el fin de todas las cosas, y Jesús ha preparado un hermoso lugar para su pueblo. (Juan 14:2) Mientras que a Satanás y a los ángeles caídos les espera el fuego eterno.

"Entonces dirá también a los de la izquierda:
Apartaos de mí, malditos, al fuego eterno
preparado para el diablo y sus ángeles." (Mateo 25:41)

CAPÍTULO 3

Ángeles de Dios

No comprendía porqué en el sueño que tuvo Jacob en Génesis, había ángeles que subían y descendían por una escalera que estaba apoyada en tierra y su extremo tocaba el cielo. Ya lo entiendo gracias a Dios. Son ángeles que él envía a diferentes misiones, unos salen y otros regresan. La escalera simboliza "ministerio", el servicio que ellos rinden. ¿Por qué está la escalera apoyada en la tierra y su extremo tocaba el cielo? Porque el ministerio angelical es ejercido en la tierra con órdenes del Dios del cielo. Jesucristo le dijo a Natanael:

"De cierto, de cierto os digo: De aquí adelante
veréis el cielo abierto, y los ángeles de Dios que
suben y descienden sobre el Hijo del Hombre." (Juan 1:51)

Cuando él iba a decir algo a sus discípulos que era importante, siempre lo comenzaba con la frase: "de cierto de cierto os digo." En adelante los discípulos "iban a ver los cielos abiertos," símbolo de la presencia y el poder del Padre que estaría con él en su ministerio, se verían sanidades, milagros y maravillas. Se manifestarían "los ángeles de Dios que suben y descienden sobre el Hijo del Hombre." Esto quiere decir que los ángeles estarían a su servicio en las diferentes misiones.

Un día el Espíritu Santo me dijo: "La escalera de ángeles que sube y desciende esta sobre tu apartamento." Otro día, volvió y me hablo: "Iras a todo lugar a ministrar con una escolta especial de ángeles." Me estaba avisando que al igual que los ángeles ministraron con Jesús, también ministrarían conmigo. Esto ha sido una gran realidad. Cuando voy a predicar, veo ángeles ministrando. Algunas personas los han visto a mi lado, según me muevo. Recuerde que los ángeles son enviados para servicio de los que serán herederos de salvación.

Los ángeles ministran conmigo en las congregaciones, y también me ayudan en mis asuntos personales. Cuando tengo que mover muebles muy pesados, clamo a Dios. (Jeremías 33:3) "Padre, ordena a tus ángeles que me ayuden a mover este mueble, está muy pesado para mí." Al instante comienzo a mover el mueble y se hace liviano, son los ángeles, los enviados para servicio a favor de los que serán herederos de salvación. Hay ocasiones en que una ventana, se atora y no puedo moverla, clamo al Padre que ordene a sus ángeles que me ayuden, y al instante cuando trato otra vez, ahí están ellos destrabando la ventana. Cuando las mujeres iban para el sepulcro donde habían puesto el cuerpo de Jesús, no sabían quién removería la piedra porque era muy grande y muy pesada. Ellas no podrían moverla, pero caminaron en fe y Dios siempre recompensa la fe de las personas. ¿Qué ocurrió? Un ángel descendió del cielo y removió la piedra. (Mateo 28:2) Les estaré explicando en este libro, muchos otros servicios que rinden los ángeles de Dios.

Algunos tipos de ángeles

1. Angeles que guardan las personas.

> *"Pues a sus ángeles mandara cerca*
> *de ti que te guarden en todos tus*
> *caminos." (Salmo 91:11)*
> *"El ángel de Jehová acampa alrededor*
> *de los que le temen y los defiende." (Salmo 34:7)*

2. Ángeles guerreros- Son los que batallan a favor de nosotros contra el enemigo. Israel y Siria estaban en guerra, cuando Eliseo y el varón que le servía estaban en Dotán. Una mañana cuando se levantaron vieron la ciudad rodeada del ejército de Siria, la habían situado. El criado de Eliseo se asustó y dijo a Eliseo: "Ah, señor mío, ¿Qué haremos?" Eliseo le dijo; "No tengas miedo, que más son los que están con nosotros que los que están con ellos." Y oró Eliseo: "Te ruego oh Jehová, que abras sus ojos para que vea." Cuando Jehová abrió sus ojos, él vio que el monte estaba lleno de gente de a caballo y carros de fuego alrededor de ellos que los estaban protegiendo. Era el ejército de ángeles guerreros de Jehová. (2 Reyes 6:14-17)

3. Ángeles mensajeros- Llevan mensajes al pueblo de Dios. Lea de uno de ellos, Gabriel, cuando le lleva mensaje al sacerdote Zacarías. (Lucas 1:13-17)

4. Arcángeles- Cumplen misiones especiales y peligrosas. En Judas v.9, el Arcángel Miguel contiende con el diablo por el cuerpo de Moisés. Cada nación, estado, ciudad o zona está protegido por un Arcángel de Dios.

5. Querubines- Guardan las cosas sagradas. Vea cuando Dios echo fuera al hombre del huerto del Edén, por causa del pecado. Puso querubines para guardar el Edén. (Génesis 3:24)

6. Serafines- Están cerca de Dios y le adoran.

> *"Por encima de él habían serafines; cada uno tenía*
> *seis alas; con dos cubrían su rostro, con dos cubrían*
> *sus pies, y con dos volaban. Y el uno al otro daba*
> *voces, diciendo: Santo, santo, santo, Jehová de*
> *los ejércitos; toda la tierra está llena*
> *de su gloria." (Isaías 6:2-3)*

7. Ángeles de juicios- Enviados por Dios para derramar juicios en algún lugar.

> *"Y Jehová envió ángeles, el cual destruyo a todo valiente*
> *y esforzado, y a los jefes y capitanes en el campamento del*
> *rey de Asiria. Este se volvió, por tanto,*
> *avergonzado a su tierra." (2 Crónicas 32:21)*

8. Otros

Nombre de los ángeles

En las Sagradas Escrituras aparecen solamente dos ángeles llamados por su nombre: el Arcángel Miguel (Judas v. 9) y Gabriel, (Lucas 1:26) pero todos tienen un nombre.

Características de los ángeles

Creados por Dios- Salmo 148:2-5

Seres espirituales- Hebreo 1:14

Inmortales- Lucas 20:36

Invisibles- Números 22:22-31

Poderosos- Salmo 130:20

Obedientes- Salmo 130:20

Asexuales- Mateo 22:30

Tienen emociones- Lucas 15:10

Toman forma para si

Los ángeles son seres espirituales (Hebreos 1:7) que pueden tomar forma humana para sí, (Génesis 19:1-2) y de seres vivientes. (Ezequiel 1:10; 10:14 y Apoc. 4:7) En su cuerpo espiritual toman tamaño diferente. El Arcángel de la cuidad ha visitado con forma de género masculino, con su armadura de guerrero y espada; otras veces Dios me permite verlo en su cuerpo espiritual, bien, bien alto, resplandeciente. He recibido también visitación de ángeles pequeñitos, preciosos, muy alegres.

Tiene emociones

Se gozan cuando un pecador se arrepiente, (Lucas 15:10) y nos ministran gozo a nosotros también, cumpliendo la encomienda que Dios les asigna. En una etapa de mi vida en que pasaba por el "valle de sombras"; estaba orando y lloraba copiosamente. Entre mis lágrimas pude ver muchos ángeles, uno alado del otro y bien cerca el uno del otro. Formaban todos unidos un vallado de protección alrededor. Estos ángeles vestían túnicas blancas, tenían grandes escudos y lanzas. Eran ángeles guerreros asignados por Dios para cuidarme y proteger mi apartamento. Fue esta la primera vez que veía tantos ángeles. Sentí una paz muy grande y un gozo especial. Comenzó a salir de mi boca este cantico:

//Yo siento ángeles, ángeles, ángeles
yo siento ángeles a mi alrededor
cantan y danzan llenos de gozo,
yo siento ángeles, ángeles a mi alrededor\\

Comenzó a derramarse sobre mí el óleo de alegría que Dios nos promete. (Isaías 61:3) Mientras cantaba observé como ellos se sonreían conmigo, movían sus lanzas y sus grandes escudos al ritmo del cantico. Esa inolvidable noche de vigilia fui ministrada por el Espíritu Santo y por los ángeles que estaban allí conmigo. Nunca los había visto, pero en medio de la prueba el Espíritu Santo me permitió verlos. La escalera de ángeles que suben y descienden estaba sobre mi apartamento, y yo no lo sabía. Pero lo más importante de esto era que Dios estaba conmigo.

"Y he aquí Jehová estaba en lo alto de ella, el cual dijo:
Yo soy Jehová, el Dios de Abrahán tu padre,
y el Dios de Isaac; (Génesis 28:13)
"He aquí, yo estoy contigo, y te guardare por donde
quiera que fueres, y volveré a traerte a esta tierra; porque
no te dejare hasta que haya hecho lo que te he dicho." (Génesis
28:15)

CAPÍTULO 4

Ángeles en el ministerio de Jesús

José estaba sumamente preocupado por la condición de María; estaba embarazada y ellos aún no se habían unido en amor. Sus pensamientos acosaban su mente. No quería infamarla, pero quería dejarla secretamente. Estando con estos pensamientos, se acostó a dormir. "Un ángel del Señor le aparece en sueños y le dice: José hijo de David, no temas recibir tu mujer, porque lo que en ella es engendrado; del Espíritu Santo es. Y dará a luz un hijo, y llamaras su nombre Jesús, porque el salvará a su pueblo de sus pecados. Y despertando José, recibió a su mujer. Pero no la conoció hasta que dio a luz a su hijo primogénito; y le puso por nombre Jesús". (Mateo 1:20-25) Un maravilloso sueño de Dios, con la intervención de un ángel para resolver un problema tan delicado, la duda de José. Este ángel también estaba anunciando un magno acontecimiento, la concepción de Jesús, el mesías tan esperado por los judíos.

La llegada del Cristo a este mundo sorprendió a los pastores que en la noche vigilaban sus rebaños. El resplandor de Dios sobre ellos les cercó cuando el ángel del Señor les anunciaba que ya había nacido el salvador. Llenos de gran temor, escucharon el mensaje del ángel. (Lucas 2:10-12)

Ángeles ministrando a Jesús

En la vida del hijo del hombre hubo situaciones en que la intervención de los ángeles fue una realidad llena de acontecimientos sobrenaturales; desde antes de nacer y aun después de su muerte. Esto es evidencia de que los ángeles son seres celestiales creados por Dios para servir al hombre.

Comenzando su ministerio

Antes que Jesús comenzara su ministerio, realizó su "ayuno ministerial" de cuarenta días y ángeles le sirvieron. Este es un ayuno al cual Dios llama a sus siervos para un ministerio específico. Jesús buscó un lugar apartado, se fue al desierto para ayunar. Si el Hijo del Hombre realizo este ayuno antes de comenzar su ministerio en la tierra, cuanto más nosotros. Después de su ayuno ministerial fue que comenzó su ministerio de poder: sanidades, milagros, liberación, señales y salvación de las almas. No todos ayunarán cuarenta días, pero es necesario realizar el ayuno ministerial. Los días que cada uno debe ayunar y el ministerio que ejercerá, Dios lo mostrará a cada siervo individualmente. Si la persona es obediente, el ayuno ministerial traerá unción, poder y más victoria. Otro punto importante, tenemos que ser aprobados por Dios para un ministerio. Por esto son necesarias las pruebas. Son los exámenes que el Señor suministra a sus discípulos, antes de entregarles un ministerio. A veces, son un ensayo, antes de lo que nos va a entregar. Esas pruebas muy difíciles, cuando usted las pasa, son las que harán de usted un "obrero aprobado". El apóstol Pablo escribió a cerca de esto en sus epístolas.

> *"Procura con diligencia presentarte a Dios aprobado,*
> *como obrero que no tiene de que avergonzarse,*
> *que usa bien la Palabra de verdad." (2 Tim. 2:15)*

Los ministerios de Dios tienen diferentes etapas, aunque usted esté en el pleno ministerios, quiere llevarlo a un escalón muy alto y darle victorias mayores. Entonces necesitará entrar en el "ayuno ministerial anual." Esto no lo vamos a lograr por nuestras fuerzas, porque esto no es con ejército, ni con fuerza, sino con mi Espíritu a dicho Jehová de los ejércitos. (Zacarías 4:6) Observe que en el ayuno ministerial de Jesús los ángeles le servían y le fortalecían. Además de la ayuda del Espíritu Santo, vamos a tener la ayuda de los ángeles.

Jesús pasaba horas en el huerto Getsemaní orando al Padre. Hay algo que tendremos que pasar como cristianos, las luchas en la oración de guerra: atando y echando fuera los demonios, (Marcos 16:17) desatando y atando (Mateo 18:18) y declarando victoria con la Palabra de Dios. (Isaías 55:11) Es necesario esfuerzo físico y mental, con una determinación y deseo de vencer. Dios nos lo dará, si se lo pedimos.

Veamos a Jesús en esas luchas en Getsemaní.

"Y se le apareció un ángel del cielo para fortalecerle.
Y estando en agonía, oraba más intensamente;
y era su sudor como grandes gotas de sangre
que caían hasta la tierra." (Lucas 22:43–44)

Fortalecer significa dar fuerza, animar. Ese ángel fue enviado del cielo en una ocasión en que Jesús estaba orando en agonía. Se acercaba la copa amarga, pero necesaria para la salvación de la humanidad. Tendría que pasar por el derramamiento de su sangre en la cruz del calvario. Sostenía él una gran lucha en la oración. Ese ángel fue enviado para fortalecer en ese momento, uno de los más difíciles. Cuando nosotros pasamos por momentos difíciles, en los cuales creemos que no vamos a salir, Dios siempre nos ayuda de alguna forma, nos fortalece, y nos da la victoria. Una de las maneras es enviando ángeles, como a Jesús.

Ángeles ministrando después de su muerte

No había quien removiese la piedra del sepulcro y las mujeres estaban preocupadas. "Decían entre sí: ¿Quién nos removerá la piedra de la entrada del sepulcro? Pero cuando miraron, vieron removida la piedra, que era muy grande." (Marcos 16:3-4)

"Porque un ángel del Señor, descendió del cielo y
llegando, removió la piedra, y se sentó sobre ella.
Su aspecto era como un relámpago, y su vestido
blanco como la nieve. Y de miedo de él, los guardias
temblaron y se quedaron como muertos. Mas el ángel,
respondiendo, dijo a las mujeres: No temáis vosotras;
porque yo sé que buscáis a Jesús, el que fue crucificado.
No está aquí, pues ha resucitado como dijo. Venid, ved el
lugar donde fue puesto el Señor. E id pronto y decid a sus
discípulos que ha resucitado de los muertos y he aquí va
delante de vosotros a Galilea; allí le veréis.
He aquí, os lo he dicho." (Mateo 28:2-7)

Aun más allá de la muerte, los ángeles le sirvieron a Jesús.

CAPÍTULO 5

Ángeles en guerra espiritual

El Hijo del Hombre reconoce grandemente la ayuda de los ángeles en situaciones de peligro. Estando él orando en Getsemaní, llegó una turba de los príncipes de los sacerdotes, de los escribas y de los ancianos para prenderle. Ellos iban armados con espadas y palos. Judas los iba guiando hacia el lugar donde él estaba. Les había dado señal diciendo: "Al que yo besare, aquel es, prendedle, y llevadle con seguridad." Cuando llegaron le dijo: "Maestro, maestro." Y le besó. Entonces ellos le prendieron. Unos de los discípulos que estaban allí extendió su mano y sacó su espada, e hirió al siervo del sumo sacerdote, quitándole una oreja. Ese discípulo intento defender a Jesús en un momento de peligro, su arresto. (Marcos 14) más Jesús le dice:

> *"¿Acaso piensas que no puedo orar a mi*
> *Padre, y que él no me daría más de doce*
> *legiones de ángeles?" (Mateo 26:53)*

Jesús le estaba diciendo no necesito tu ayuda. Si yo necesitara ayuda, clamaría y mi Padre me enviaría legiones de ángeles guerreros que me defenderían. Veamos algunos siervos de Dios que si necesitaron ayuda, y él les envió ángeles.

Daniel

Este siervo de Dios pertenecía al linaje real en Judá. Fue llevado en la primera deportación a Babilonia. Allí le educaron en el idioma y escritura de los babilonios. Al pasar el tiempo, se le dio una posición de privilegio al servicio del rey. Se destacó grandemente interpretando visiones y sueños. Sobresalió por su valentía y obediencia a Dios, por lo cual él le honro en gran manera. Fue envidiado y perseguido de otros oficiales del rey, los cuales trataron de matarle. Dios le guardo y una de las maneras que usó fue los ángeles. Estos hombres malos que le perseguían, presionaron al rey y tramaron contra Daniel. Redactaron un edicto firmado por el rey, que cualquiera que demandara petición a cualquier dios u hombre, en el espacio de treinta días, fuera echado al foso de los leones. Daniel seguía orando tres veces al día, con las ventanas de su habitación abiertas hacia Jerusalén. Y de rodillas oraba a Dios. El rey trato de librarlos del foso de los leones, pero el edicto de un rey no se podía revocar. Muy a pesar del rey, Daniel fue traído y echado en el foso de los leones. Después de esto, el rey se fue a su palacio muy triste, no comió, ni pudo dormir bien. Se levantó muy temprano y fue de prisa al foso de los leones.

"Daniel siervo de Dios viviente, el Dios tuyo,
a quien tu continuamente sirves, ¿Te ha podido
librar de los leones?" "Mi Dios envió su ángel,
el cual cerro la boca de los leones, para que no
me hicieren daño, respondió Daniel" (Daniel 6:20-22)

Pedro

Hijo de Jonás y humilde pescador. Tuvo un lugar destacado entre los tres discípulos que más cerca estuvieron de Jesús: Pedro, Jacobo y Juan. Con su personalidad valerosa, el día de Pentecostés predicó y fueron añadidas a la iglesia aquel día como tres mil personas. (Hechos 2:41)

En el tiempo en el cual el rey Herodes maltrató algunos de los discípulos, arrestó a Pedro y lo puso en la cárcel. Mientras tanto la iglesia hacia oración sin cesar por él. La noche antes que Herodes le iba a sacar al pueblo para matarlo, Pedro estaba durmiendo entre dos soldados, sujeto con dos cadenas. También otros dos guardas estaban delante de la puerta de la cárcel. Llego un ángel del Señor con una luz resplandeciente y despertando a Pedro, le dijo: "Levántate pronto". Las cadenas se cayeron, se abrieron las puertas, y Pedro salió de la cárcel sin ser visto, ni oído. Escapó de la muerte con la ayuda de un ángel. Dios le libró de una manera milagrosa con la ayuda de un ángel. (Hechos 12)

Pablo

El apóstol de los gentiles, Saulo de Tarso, quien escribió tantas epístolas para edificación de la iglesia. Fue educado a los pies de Gamaliel, doctor de la ley. Cuando fue salvo, predicaba a Cristo en las sinagogas diciendo que Jesús era el Hijo de Dios. Después extendió su ministerio por Asia abriendo nuevas obras. Obrero incansable en la obra de Dios. También le ministraron ángeles estando en grande peligro. Después de una grande tempestad, la vida de 276 personas peligraba en un barco en el medio del mar. Llevaban 14 días sin comer, habían perdido toda esperanza de sobrevivir. En una noche, le aparece el ángel de Dios a Pablo y le dice:

> *"Pablo, no temas; es necesario que comparezcas*
> *ante Cesar; y de aquí Dios te ha concedido*
> *todo los que navegan contigo." (Hechos 27:24)*
> *"Y así aconteció que todos se salvaron*
> *saliendo a tierra." (Hechos 27:44)*

Jesucristo es el mismo ayer, y hoy, y por los siglos. (Hebreos 13:8) Si el libró de grandes peligros a estos siervos usando ángeles, lo hará también hoy con nosotros.

Yo necesite ayuda de ángeles

Me gusta vigilar muchos, Dios me da las fuerzas para orar hasta las 3:00A.M., y de igual manera hasta las 6:00 de la mañana, cuando hay necesidad. En esas noches de vigilia, es cuando tengo más experiencias con los ángeles. Estaba orando bien despierta, en esas noches cuando los ojos están bien abiertos, algo pasaba. Repentinamente entro a mi habitación un personaje con armadura y espada envainada, era un ángel guerrero, (2 Crónicas 32:21) el arcángel de la ciudad. El Señor le había encomendado venir, porque se acercaba un ejército de demonios para matarme. Dijo también el arcángel, que venían con el unas tropas de ángeles guerreros para defenderme de este ataque. Me pidió que subiera a la cama, que por favor no me moviera de ahí. A ellos le era más fácil cuidarme si permanecía quieta en un lugar. Rápidamente subí a la cama.

> *"Porque no tenemos lucha contra sangre y carne,*
> *sino contra principados, contra potestades, contra los*
> *gobernadores de las tinieblas de este siglo, contra huestes*
> *espirituales de maldad en las regiones celestes". (Efesios 6:12)*

Seguí orando y así me quede dormida. Al despertar en la mañana, me di cuenta que ESTABA VIVA.

Estando en Venezuela, una noche desperté con el ruido de un ángel de muerte que había llegado a mi habitación. Una bruja lo envió contra mí. Me senté en la cama y pude ver claramente una grande sombra negra de un personaje que volaba por el aire. Trataba de acercarse a mí, pero no podía. En aquel tiempo, yo no entendía mucho de ángeles guerreros, pero yo estoy segura que hubo una gran batalla entre ese espíritu de muerte y los ángeles guerreros. Por supuesto, mi escolta venció y me volví a dormir plácidamente. ¡Gracias Jesús, por el ministerio de los ángeles guerreros!

Ángeles, armas en la guerra espiritual

Cuando el Señor me llamó al evangelismo, me preguntaba: ¿Qué haré cuando tenga que ministrar a un hombre endemoniado? El Espíritu Santo me dijo: "Los ángeles lo van a atar." A los pocos días fui invitada a predicar en una congregación donde había un joven oprimido por demonios. Comencé a ministrarle y noté que se sacudía y tambaleaba. Oré por él y cuando quité mi mano de su frente, cayó al piso. Estaba bien quieto, tieso, sin moverse. Se veía que un poder sobrenatural le ataba sus brazos al cuerpo. El Espíritu Santo me dijo: "tiene demonios." Comencé a echarlos fuera y vi claramente las sombras negras de los demonios cuando salían de su cuerpo. Los ángeles estaban allí atando a este hombre. A los demonios no se les permite dar un espectáculo y la gloria fue de Dios. Algunos ministros de liberación se van en una lucha "cuerpo a cuerpo" y así no es.

"Pues aunque andamos en la carne, no militamos
según la carne; porque la armas de nuestras
milicias no son carnales, sino poderosas en
Dios para destrucción de fortaleza" (2 Cor. 10:4-5)

Algo muy importante al ministrar liberación, es orar pidiendo protección a Dios. Cuando comenzaba a ministrar liberación me agotaba demasiado y a veces quedaba bajo fuerte ataque. El Espíritu Santo vino a mi auxilio y me enseño esto, tenemos que declarar que estamos cubiertos con la sangre de Cristo, la cobertura del Espíritu Santo, la armadura de Dios y hay ángeles que nos guardan y están ministrando con nosotros. Esta oración será como un escudo protector a favor suyo.

Dos factores que ayudarán al éxito y rapidez al ministrar liberación:

1- La preparación, conocimiento y experiencia del ministro de liberación.

2- La buena disposición sinceridad y cooperación de la persona a la cual se le ministra. Que no oculte pecados o rencores contra alguien, así no será libre. Debe confesar, para acelerar su liberación.

Cuando los demonios se manifiestan en público, hay que ministrar inmediatamente. Pero aun cuando sea así, se debe ministrar otra vez en privado. A veces sale un demonio o varios, pero quedan otras que no pueden salir por falta de la confesión de un pecado, o la necesidad de renunciar a algo, o hay que perdonar a alguien para ser totalmente libre.

Recuerde, que los ángeles son armas que están a su disposición para ayudar en la guerra espiritual. Unas veces son usados para atar, otras veces para desatar. A veces la persona a la cual ministramos pierde las fuerzas. Mientras oramos, los ángeles le imparten fuerzas físicas. Daniel estaba muy débil por el ayuno de 21 días y por la visión que tuvo. Un ángel tocó su boca y él pudo hablar, lo tocó y se fortaleció. En este pasaje bíblico vemos a un ángel ministrar directamente a un siervo de Dios. (Daniel 10:17-19)

Los ángeles guerreros nos ayudan en las luchas contra los siervos de Satanás. En un culto a Dios, se infiltro abiertamente una sierva de Satanás. Estaba vestida toda de negro, con una serpiente de oro en su cuello. Atacó una sierva de Dios agarrándole una mano, y se proponía maldecirla. El poder del Espíritu Santo vino en su ayuda y tiró la bruja al piso. Cayó tiesa, con sus brazos pegados al cuerpo. Los ángeles guerreros le ataron los brazos al cuerpo de la bruja. No pudo hacerle nada a la sierva de Jesucristo. El esposo de la sierva de Dios vio ángeles guerreros, con armaduras y espadas, durante la batalla espiritual.

"Pues a sus ángeles mandara cerca de ti, que te guarden en todos tus caminos." (Salmo 91:11)

Una hermana en Cristo me entrego un papel con el nombre de su prima para que orara por ella, estaba muy enferma. La llevaban de la casa al hospital, del hospital a la casa, con dolores en el cuerpo, un frio en el pecho, una fuerte desesperación y llanto. Comencé a orar por ella hasta que una noche se puso bien mal. Su prima me llamo por teléfono para que orara por ella. Al comenzar a orar por ella la vi en una visión acostada, mientras dos ángeles sacaban de su cuarto un espíritu de muerte. En ese instante varios ángeles formaron vallado alrededor de su cama protegiéndola. Esa noche mejoro bastante, pero no pudo dormir. Yo vigilé orando hasta las 5:00 de la madrugada. El Espíritu Santo me mostro que una sacerdotisa de vudú la había maldecido para muerte. Vi en visión un muñeco con un alfiler en la cabeza, uno en el corazón y otro en sus órganos sexuales. Ese fue el rito que hicieron para matarla.

Vudú es el nombre que se les da a los cultos religiosos de origen africano. Con un mezcla de hechicería, magia, ocultismo y brujería. Usan mucho los muñecos con alfileres en sus ritos. Estos cultos religiosos llegaron de África al Nuevo Mundo a través de la transportación de esclavos por los españoles. Entre los países que más se ha practicado esto están: Haití, Cuba y Brasil, aunque actualmente se practica ampliamente en los estados del sur de Norte América tales como Nueva Orleans, Misisipi, Carolina del Sur, etc. Es una religión politeísta, creen en muchos dioses. A los sacerdotes se les llama Hungan y a las sacerdotisas Mambo. Consultan los muertos y ven el futuro, pero además de esto tienen una extensa y complicada serie de creencias que yo las resumo en una palabra: ocultismo, lo cual las Sagradas Escrituras condenan.

"No sea hallado en ti quien haga pasar a su
hijo o a su hija por el fuego, ni quien practique
adivinación, ni agorero, ni sortilegio, ni hechicero,
ni encantador, ni adivino, ni mago, ni quien
consulte a los muertos. Porque es abominación
para con Jehová cualquiera que
hace etas cosas." (Deut. 18:10-12)

Hechizar, según el diccionario Vox es someter a uno a supuestas influencias maléficas con prácticas y confecciones supersticiosas.

Según los hechiceros, es invocar poderes sobrenaturales para controlar, manipular, hacer algún mal o hasta matar una persona. Se confeccionan cosas materiales como punto de contacto para la efectividad del hechizo. Ej. Cabellos de la persona atados con pedazos de ropa a los cuales les insertan alfileres. Por cada alfiler declaran un mal a esa persona. Sobre el hechizo invocan los poderes sobrenaturales, que no es otra cosa que demonios. Esos demonios recibiendo órdenes del hechicero, que es un siervo de Satanás, actúan en contra de la persona. Dependiendo como el hechicero haga el trabajo se le van otorgando más poderes.

Los hechiceros no pueden robarle a un cristiano su salvación, ni pueden afectarle, si anda en los caminos de Dios, en obediencia.

> *"¿Y quién es aquel que os podrá hacer daño,*
> *si vosotros seguís el bien?" (1 Pedro 3:13)*

Pero cuando el cristiano anda en un estado espiritual tibio, en rebeldía, con problemas emocionales, o en pecado, peligra. Porque tiene una puerta abierta para que el enemigo entre a su vida y le ataque. Ahí es que surgen los problemas y dificultades. La mejor manera de vencer todo esto es con obediencia y confianza a Dios.

En la mañana la llame por teléfono y recibió a Jesucristo como su salvador. Durante la tarde llego a mi apartamento y oramos rompiendo toda maldición de muerte en el nombre de Jesús y echando fuera todos los espíritus malignos relacionados a esta maldición. Oramos por los síntomas que aún quedaban y al tercer día, en una llamada telefónica me testifico lo bien que estaba. ¡Gloria a Dios!

Aunque ella seguía bien, orábamos por ella. Vino por segunda vez para ministración. Antes que ella llegara, vi en la sala un precioso ángel con vestiduras blancas y resplandecientes. Ese era el que iba a ministrar conmigo, pues ya Dios me había mostrado que a la hermanita la habían hechizado desde Honduras con un espíritu de muerte. Al llegar le explique lo que Dios me había mostrado. Ella admitió que tenía conocimiento de una india en Honduras que tenía interés en el padre de su hijo y su madre era hechicera. Comenzamos a orar. Alrededor de ella pude ver varios espíritus de hechicería que huyeron cuando rompimos el hechizo en el nombre de Jesús y les ordenamos a los demonios que se fueran. Ella testificó liberación, que se sentía diferente. La gente le pregunto ¿Qué le paso? "Se ve diferente, con paz." ¡A Dios le damos la gloria y las gracias por habernos ayudado con su Espíritu y sus ángeles!

Seguí orando, preocupada por el muñeco con los tres alfileres que había sido usado en el rito de vudú contra ella. Mientras oraba a Dios en mi habitación, le preguntaba: ¿Dónde está el muñeco? ¿Qué hay que hacer? Apareció un ángel de Dios y me dijo: "Sierva, no te preocupes por eso, para eso estamos nosotros los ángeles." Aprendí que ellos destruyen los objetos utilizados por los brujos, cuando nosotros, los siervos del Altísimo, oramos para romper los hechizos o maldiciones en el nombre de Jesús.

Días más adelante, fui invitad por esta familia para ungir dos casas. En la segunda casa, ya éramos trece personas y prediqué un corto mensaje de la Palabra de Dios. Al hacer el llamado para recibir a Jesucristo, seis personas respondieron. Se cumplió el propósito de la guerra espiritual, la salvación de las almas. Durante esta guerra espiritual contra espíritus de vudú, siete personas en total recibieron a Jesús como su único salvador. ¡En Cristo somos vencedores!

Hemos visto en este caso el daño que puede hacer una maldición a una persona que no ha hecho pacto con Dios. Pero a una persona que ya ha recibido a Jesucristo como su salvador y Señor. ¿Podría alcanzarle una maldición? Este tema es candente y de mucha controversia dentro del pueblo de Dios. He estado leyendo de esto por años. Orando a Dios y pidiendo que me muestre claramente la verdad. Algunos escritores dicen que sí, que una maldición puede alcanzar a un cristiano, otros dicen que no. He aquí una breve conclusión después de mi estudio:

Creo firmemente y estoy segura de que a un verdadero cristiano, no puede alcanzarlo una maldición. Cristo nos redimió de la maldición de la ley, además no hay condenación para los que están en Cristo Jesús. En Deuteronomio 28 solamente hay bendiciones para los que oyen la voz de Dios. El que no cree estas cosas no es cristiano. ¿Cuándo puede llegar una maldición a la vida de un cristiano?

"Como el gorrión en su vagar, y como
la golondrina en su vuelo, así la maldición
nunca vendrá sin causa." (Prov. 26:2)

Tiene que haber una razón para que a un cristiano le alcance una maldición. No hay condenación para los que están en Cristo Jesús, pero es a los que no andan conforme a la carne, sino conforme al Espíritu. (Rom. 8:1) Si usted anda conforme a la carne, si usted está fuera de la perfecta voluntad de Dios, en demandas sin cumplir, si usted está en pecado, puede alcanzarle una maldición. Mientras estemos viviendo en esta tierra, en un cuerpo de carne y huesos, es posible que por nuestra débil humanidad nos alcance una maldición. Únicamente donde no habrá más maldición, es cuando estemos en un cuerpo glorificado en la nueva Jerusalén.

"Y no habrá más maldición; y el trono
de Dios y del Cordero estará en ella, y sus
siervos le servirán" (Apoc. 22:3)

¿Donde dice la Biblia que hay que romper maldiciones? Ore a Dios por años, porque yo había leído la Biblia y en ningún lugar encontré nada en relación a romper maldiciones. En una noche de vigilia, que es cuando tengo grandes experiencias con mi Dios, entendí. Cuando hay una maldición de muerte, de hechicería, un nombre con origen de maldición, hay demonios operando porque hay una puerta abierta. La persona debe arrepentiré de lo que ha causado esto. Hay que anular, cancelar, o romper la maldición que existe. Jesucristo dejo a la iglesia potestad de hollar serpientes y escorpiones y sobre toda fuerza del enemigo, y nada nos dañara. Él nos dejó este poder porque sabía que nos íbamos a encontrar con todas esta cosas. Tenemos que usar el poder que nos dejó Jesús como arma de guerra contra los demonios que hacen funcionar las maldiciones. También hay que ordenarles a los demonios que se vayan. Jesús dijo: "Y estas señales seguirán a los que creen: en mi nombre echaran fuera demonios." El poder de Dios hay que usarlo rompiendo las maldiciones y echando fuera esos demonios que operan en las maldiciones. Concluyendo Jesús si hablo de estas cosas.

En este estudio también aprendí que hay víctimas inocentes que le pueden alcanzar las maldiciones: los niños. Hay padres que usando una manera incorrecta el privilegio de poner nombre a sus hijos, cuando nace su criatura, le ponen cualquier nombre. No saben que el nombre que le pongan a su criatura va a influenciar su personalidad y sus atributos. Cuando un niño nace, busque en la Biblia un nombre cristiano. Ore a Dios por esto y él le guiara. Hay padre que en vez de ponerles a sus hijos un nombre de bendición, le ponen un nombre que lleva maldición. Algunos nombres muy usados, comunes dentro del pueblo de Dios, son nombres de dioses de vudú, de fiestas de brujería, de origen pagano y otros.

"Y dejareis vuestro nombre por maldición a mis
escogidos, y Jehová el Señor te matara, y a su siervos
llamara por otro nombre." (Isaías 65:15)

Cuando usted descubre que su nombre es maldición, tiene que cambiarlo en el Registro Demográfico donde nació. Hay que erradicar (arrancar de raíz) eliminar totalmente el nombre con maldición. Si se cambia solamente a nivel local, y no en el Registro Demográfico donde nació, ese nombre con maldición está vivo, latente, todavía existe. Será una puerta abierta para que el enemigo ataque, se debe cambiar ese nombre en el certificado de nacimiento, seguro social, identificación local, pasaporte y todo documento ministerial, en agencia de gobierno. En todo documento que lo represente. Ore y el Espíritu Santo le guiará. Después de esto debe romper la maldición. ¿Cómo? Usando el poder de Dios que le ha dado a la iglesia, rompa esa maldición en el nombre de Jesús. También eche fuera los demonios que estaban operando en esta maldición. He visto a los ángeles guerreros llevarse a los demonios cuando rompemos las maldiciones.

En una hermosa tarde de verano me visitaron dos hermanas en Cristo. Una de ellas había perdido su compañero. Él no era cristiano y había sido asesinado cruelmente; ella estaba bajo grande depresión. Mientras relataba su triste situación, el Espíritu Santo me mostro que pusiera mis manos sobre su cabeza. Cuando lo hice, su cuerpo comenzó a temblar, abrió su boca en alabanza y gratitud a Dios. Testificaba la grande sanidad que Dios había hecho en esos momentos. Tenía parte de la cara y parte de una mano adormecida, dolor de cabeza y dolor en el corazón que no la había dejado dormir por tres días. Yo no sabía la condición que ella se encontraba cuando llegó. Lo supe cuando ella testificó la sanidad que Dios había hecho en aquellos momentos. ¡Gloria Dios!

Los ángeles guerreros son armas que Dios nos ha dado para la guerra espiritual; úselos:

1- Como un vallado alrededor de usted, alrededor de su casa o propiedad, alrededor de alguien.
2- Actívelos orando al Padre en una guerra espiritual.
3- Ministre el Pueblo de Dios juntamente con ellos.
4- Úselos en defensa contra los siervos de Satanás.
5- Clame a Dios que le envía ángeles guerreros en situaciones de peligro.
6- Limpie los aires de una ciudad o de una región.
7- Al mover objetos pesados, para que lo libren de un accidente.
8- Después de ministrar liberación a una persona, clame a Dios que sus ángeles destruyan los muñecos, hechizos u otros objetos que los brujos han usado en contra de esa persona, cuando nosotros no sabemos dónde están.

Los ángeles mensajeros son guerreros

Creemos que los ángeles mensajeros solamente se mueven llevando un mensaje de Dios. No, ellos son mensajeros y guerreros también. No siempre viajan solos, porque en los aires hay demonios con los cuales tienen encuentros de poder. Cuando Daniel estuvo en su ayuno de 21 días, un ángel fue enviado a él: Dios oyó sus oraciones y envió un ángel con respuesta. El príncipe que dominaba la región de Persia se le opuso por 21 días. Los demonios son espíritus territoriales. El arcángel Miguel, uno de los principales príncipes, ayudo ese ángel a pasar con el mensaje para Daniel. (Daniel 10:12-13)

Experimente esto cuando un ángel llego a mi apartamento, con un mensaje de Dios. Nos relató que se había demorado en llegar porque había mucha oposición en los aires. Como buen ángel mensajero y guerrero había vencido y venía a entregar el mensaje de Dios. Conocemos mayormente el ángel Gabriel, como ángel mensajero. Llevó mensaje a Zacarías, el sacerdote esposo de Elizabeth, a María y a Daniel; pero él es guerrero también. Para dar esos mensajes, tuvo encuentros de poder con algunos demonios en los aires. Grande fue mi sorpresa cuando el Arcángel Miguel me visito con su escolta; (vea cap. 7) con ellos estaba Gabriel, esta vez como guerrero. Estaba acompañando al Arcángel Miguel en su misión en la ciudad, cuando vinieron a limpiar los aires de poderosos demonios. Vinieron trabajando en unidad, siendo ejemplo para nosotros los cristianos. Hagamos guerra unidos contra el enemigo, como hacen los ángeles.

CAPÍTULO 6

Desfile de ángeles

-¡Otra niña más!- le dijo el doctor a mi progenitor.

-¡Qué bueno!- dijo sonriendo alegremente.

Comenzaba mis primeros días en este mundo. Lo que no podían ver ellos, ni podían entender, era que Jesús ya había encomendado un ángel, que tomaría cuidado de mí todos los días de mi vida. Por muchos años había oído que un ángel guarda los niños, pero la verdad es que no le había prestado mucha atención a esto. Veía imágenes, estatuillas de ángeles cuidando niños en diferentes lugares, pero permanecía indiferente a todo esto. Cuando recibí a Jesucristo como mi salvador, el Espíritu Santo me abrió los ojos a la verdad de las Sagradas Escrituras. Leí cuando Jesús llamo a un niño y lo puso en medio de sus discípulos y dijo:

> *"Mirad que no menospreciéis a uno de estos*
> *pequeños; porque os digo que sus ángeles*
> *en los cielos ven siempre el rostro de mi*
> *Padre que está en los cielos." (Mateo 18:10)*

Cuando un recién nacido sale del vientre de su madre, ahí al lado ya está el ángel encomendado por Jesús para cuidar esa criatura durante su estadía aquí en la tierra. Si usted está embarazada, pida a Dios que pueda gozarse contemplando el ángel que fue asignado a su renuevo. Algunas madres ven los ángeles, otras no los ven, pero ven su poder manifestarse. Tenemos en la congregación un niño llamado Emanuel. Vino al mundo a través de un milagro de Dios. Cuando él nació, su mamá le estaba cuidando en el hospital y ocurrió algo grande. El bebé fue costado por su madre a su lado, para no tener que ponerse de pie al alimentarlo durante la noche, pues ella estaba débil. Relata ella: "Mientras estábamos acostados, vi a un personaje todo negro que tenía algo en la mano, parecía un arma, un cuchillo. Ataco al niño, pero algo impidió su ataque. Al dar el golpe con el cuchillo, algo le protegió y el personaje negro se esfumo." Esta madre estaba orando para ver el ángel asignado a su hijo por Jesús. No lo vio, pero si vio el poder del ángel protegiendo a su bebe.

El Espíritu Santo me ha enseñado que el mismo ángel que nos recibe el día de nuestro nacimiento, estará con nosotros hasta la muerte. Ahí ellos terminan su labor con nosotros en la tierra. Entonces otros ángeles vienen a escoltarnos, y todos juntos volamos a la presencia del Señor. (Lucas 16:22)

Veo mi ángel

Después de muchos años sirviendo al Señor, tuve inquietud por ver mi ángel, el que me había sido asignado desde que nací. Nunca lo había visto. Comencé a orar….. "Padre muéstrame mi ángel. ¿Cómo se llama? Yo quiero verlo, en el nombre de Jesús te lo pido." No estuve orando mucho tiempo, cuando vi el resplandor de un poderoso ángel, muy sonriente, que se acercó a mí. Me dijo: "Yo soy tu ángel, yo soy quien te cuida. Mi nombre es Miguel." No es este el Arcángel Miguel, ese es el que cuida a Israel. (Daniel 12:1) Para mí fue de grande gozo, poder ver y que me hablara el ángel que escogiera Jesús para cuidarme desde que nací. Yo no contacte ángeles, ore al Padre en el nombre de Jesús. Y Jesús a quien están sujetos los ángeles, (1 Pedro 3:22) le ordeno que me hablara. Los ángeles que nos cuidan, llevan nuestras peticiones especiales ante el trono de Dios. Miguel el ángel que me cuida, a veces lo ha hecho. Al llegar a mi apartamento de regreso los otros ángeles de mi escolta comienzan a gritar "victoria" cuando Dios ha concedido la petición. Otras vece gritan con gozo y forman una grande algarabía celebrándola victoria.

El ángel Gabriel

Uno de los primeros ángeles que llego a mí con mensaje de Dios fue el ángel Gabriel. ¡Asombroso, verdad! Al entrar por la puerta de mi habitación, se identificó con gran autoridad diciendo: "Yo soy Gabriel." ¡No había visto un ángel con un resplandor tan grande! Me impresiono mucho por su resplandor inigualable y por su hermoso vestuario. Llevaba una ancha corona de oro y un pectoral dorado sobre su túnica blanca. (Daniel 10:5) Mientras me daba el mensaje de Dios, yo estaba tan asombrada que casi no podía prestar atención al mensaje. ¡El ángel Gabriel de las Escrituras, si, era el! El Espíritu Santo me dio testimonio que era él; por la forma en que se identificó, como en las Escrituras cuando saludo a Zacarías. (Lucas 1:19) No pude escribir el mensaje que el traía, pues quede admirada por su resplandor y belleza. Básicamente el mensaje era de aliento, que no desmayara, que había un trabajo que Dios quería que yo hiciera para él. Más adelante, el Espíritu Santo trato conmigo sobre la importancia de escribir los mensajes que los ángeles traían.

Marcos

Este ángel me visito una noche mientras oraba enferma. Súbitamente miré de mi habitación al comedor y vi un personaje bien alto, fornido, con una túnica blanca. Estaba leyendo un documento colocado sobre la mesa. Entendí que leía unas instrucciones sobre su encomienda. Me turbé al verlo, pero seguí orando, Zacarías también se turbo al ver a Gabriel. (Lucas 1:12) El Espíritu Santo me dio testimonio que era un ángel de Dios. Se llamaba Marcos y había sido enviado para sanarme. Yo le dije al Señor que yo no quería ser sanada por un ángel, yo quería que él me sanara. Pasó el tiempo y me puse más enferma. No quería ser sanada por un ángel, yo quería ser sanada por el Señor. A veces nosotros queremos las cosas a nuestra manera, como Naaman, y no es así; es conforme a la voluntad y el plan de Dios. Me puse tan enferma, que el vientre se hincho en grande manera en el lado izquierdo y me dolía mucho. Era difícil para mí vestirme para ir al culto, pero aun así me vestía y llegaba. Una noche bien avanzada la hora, clamaba a Dios acostada porque el dolor era muy grande. Llego Marcos, se acercó, levanto sus manos y quede sana.

Permítame llevarlo al evangelio de San Juan, capitulo 5:3-4, al estanque de Bethesda:

> *"Yacía multitud de enfermos, ciegos, cojos y paralíticos, que esperaban el movimiento del agua. Porque un ángel descendía de tiempo en tiempo al estanque, y agitaba el agua; y el que primero descendía al estanque, después del movimiento de las aguas, quedaba sano de cualquier enfermedad que tuviese."* (San Juan 5:3-4)

Observe que las sanidades ocurrían cuando descendía el ángel. Queridos hermanos, un ángel puede ser usado para sanarle de cualquier enfermedad, así ocurría en el estanque de Bethesda. Recuerde que ellos son:

> *"espíritus ministradores, enviados para servicio de los que serán herederos de la salvación."* (Hebreos 1:14)

Además:

> *"son poderosos en fortaleza, que ejecutáis su palabra."* (Salmo 103:20)

Si Dios usa un evangelista, un Pastor, un humilde siervo de Dios para sanar a los enfermos, yo creo que él puede usar también sus ángeles, sus espíritus ministradores a favor de su pueblo. Los ángeles son consiervos nuestros, es decir, siervos juntamente con nosotros de un mismo Señor. (Apoc. 22:9) Si a nosotros el Señor nos da poder, dones y talentos, a los ángeles también.

Hay ángeles con poder para sanar, otros hacen milagros, otros ministran liberación. Algunos son revestidos de un grande poder para la guerra espiritual, un solo ángel destruyo el ejército de Asiria. (2 Cr. 32:21) A otros se les da poder para destruir ciudades, dos ángeles destruyeron a Sodoma. (Génesis 19:1-13) Se ignora mucho del poderoso ministerio que tiene los ángeles, y están a nuestra disposición para la guerra espiritual contra el enemigo.

Yo fui sanada por un ángel, y no tan solo yo, sino también una hermana en Chicago, Indiana. Fui a predicar a unas congragaciones en Chicago, y una de las noches en las que pasaban las almas al altar para ser ministradas, una hermana cayó al piso frente al altar. Cuando yo mire, Marcos estaba al lado de ella, ministrando sanidad como aquel ángel de Bethesda.

Ángeles de avivamiento

Sorpresivamente llegó a mi apartamento el arcángel de la ciudad. Venía acompañado de otro ángel vestido muy similar a él. Tenían hermosas armaduras y espadas envainadas eran ángeles guerreros. (2 Cr. 32:21) El arcángel de la ciudad me dijo que el ángel que le acompañaba era líder de un grupo de ángeles para avivamiento. Habían sido asignados para ministrar conmigo en los canticos. (Salmo 148:2) Ellos pelearían con los demonios que impidieran que el pueblo de Dios alabe a Dios con libertad. El primer día que ministraron fue maravilloso. Al comenzar el culto, los vi entrar por la puerta y pude observar cuando tomaron sus posiciones entre los hermanos. Cuando el pueblo de Dios comenzó a alabar, ellos también. Parecía que estaban con nosotros la multitud de huestes celestiales que alababan a Dios en Lucas 2:13-14. Al mismo tiempo, el Espíritu Santo dejaba sentir su presencia de una manera especial. Un gozo sobrenatural y la gloria de Dios invadieron el lugar, dejándonos sentir que somos uno en Cristo.

"La gloria que me diste, yo les he dado,
para que sean uno, así como
nosotros somos uno." (San Juan 17:22)

CAPÍTULO 7

Arcángel Miguel, Gran Príncipe y Guerrero

No podemos escribir un libro de ángeles guerreros sin mencionar al Arcángel Miguel, es el ángel más poderoso en el ejército de Jehová. Arcángel significa ángel principal; y a él se le llama además, el Gran Príncipe. En las Escrituras se le asignaron unas misiones bien especiales; contendió con el diablo por el cuerpo de Moisés, lucha con el dragón y sus ángeles en una batalla y los vence. Es todo un guerrero. Tuve una experiencia con él.

Era el 7 de diciembre, estaba orando en mi habitación. De repente comencé a tener "visión con ángeles." (Lucas 24:23) Vi que frente donde yo vivo, llegaba un bello carruaje blanco guiado por un caballo blanco. Al llegar separa sobre sus dos patas traseras, como si quisiera llamar la atención sobre su llegada. Inmediatamente se bajó del carruaje un personaje alto, robusto, elegante. Tenía un atuendo raro. Llevaba sobre su cabeza una corona de oro llena de brillantes. Vestía una túnica blanca y sobre su túnica, un pectoral dorado lleno de brillantes. Le acompañaba una escolta de dos personajes, uno a cada lado. Parecían tres príncipes. Vi que entraron por la puerta de mi apartamento y ahí termino la visión. Le pregunte al Espíritu Santo, que era; quien me mostraba la visión, "¿Quién es ese?" Me contesto con su suave voz: "Es el arcángel Miguel, pronto viene a visitarte." Yo dije: ¿Quién soy yo para que el Arcángel Miguel me visite? Seguí orando durante los siguientes días. Busque confirmación de aquella visión y seguía viendo lo mismo, la misma visión. Oraba y el Espíritu Santo me revelaba que Miguel venía a cumplir una misión especial, venía a limpiar los aires de la ciudad, llevándose poderosos demonios asignados por Satanás. Le preguntaba al Señor: ¿Cuándo viene el Arcángel Miguel? El Señor solo me decía: "Pronto." Seguí orando, hasta que finalmente el Espíritu Santo me dio los detalles. El Arcángel Miguel llegaría a mi apartamento el 30 de diciembre, en la primera hora, a las 1:00 A.M. Estaba autorizado a estar en esta visita media hora, y traía un importante mensaje para mí. ¡Aleluya!

Preparación para su visita

Le decía al Señor: "Tengo que prepararme para esa visita. Tiene que estar todo limpio y en orden." Cuando vamos a recibir visita, preparamos comida, limpiamos y ordenamos todo. ¡Cuánto más si la visita viene del cielo, un ángel enviado por Dios! Más importante aunque esto, tenemos que estar preparados para la venida del Señor Jesucristo por su Pueblo. Tenemos que estar limpios de pecado y nuestra vida tiene que estar en orden para irnos con él a las moradas que ha preparado para nosotros.

"En la casa de mi Padre muchas moradas hay;
si así no fuera, yo os lo hubiera dicho;
voy, pues, a preparar lugar para vosotros.
Y si me fuere y os preparare lugar, vendré
otra vez, y os tomaré a mí mismo, para que
donde yo estoy, vosotros también estéis." (Juan 14:2-3)

Llego el 29 de diciembre y pase el día en oración. Al anochecer, avanzaba de un lado a otro, lavando ropa, limpiando y poniendo todo en orden. ¡Qué bueno que Dios me aviso la visita del Arcángel Miguel, para estar preparada! Cuando Jesús venga por su pueblo no sabemos ni el día, ni la hora, ni aun los ángeles lo sabrán. (Mateo 24:36) Vendrá como ladrón.

"He aquí, yo vengo como ladrón. Bienaventurado
el que vela, y guarda sus ropas, para que no ande
desnudo, y vean su vergüenza." (Apoc. 16:15)

¿Cuándo viene el ladrón? Cuando nadie sabe, y se lleva lo de valor. Así vendrá el Señor por su Pueblo, nadie lo sabrá y vendrá por lo de más valor para él, su pueblo, su "especial tesoro." (Éxodo 19:5)

Ya eran las 12:00 de la madia noche y aun no tenía todo listo y en orden para la visita del Arcángel Miguel. Avancé a preparar el bolígrafo y papel para escribir ese importante mensaje. Me di prisa para bañarme, y cuando salí del baño, encontré en el pasillo uno de los príncipes que acompañaban al Arcángel Miguel. Me dijo; "El Arcángel Miguel está en la ciudad desde las 10:00 P.M." Avancé a terminar de prepararme y peinarme, pues eran ya casi las 12:30 de la noche.

Su visita

Ya cerca de la 1:00 de la madrugada entraron unos ángeles que anunciaban su llegada. Uno en la puerta, dijo en alta voz: "¡Llega el Arcángel Miguel!" Era anunciado como lo que es como todo un Gran Príncipe. (Daniel 12:1) ¡Que puntual! Así debemos ser nosotros los cristianos. Poco antes de la 1:00 A.M. entro el Arcángel Miguel con una escolta de ángeles. ¡Sentía el poder de Dios! Venían vestidos como poderosos guerreros. Para mi sorpresa el ángel Gabriel venía con ellos. Cuando entro saludo; "Yo soy Gabriel." Luego paso un precioso ángel junto con su escolta y con una sonrisa me dijo: "Yo soy el Arcángel Miguel." Su personalidad refleja sencillez, tiene una bella sonrisa y es preciosísimo. ¿Quién soy yo para que estos ángeles me visitaran? Miguel comenzó con un relato sobre su misión en la ciudad y luego me dio el mensaje de Dios. Eran tres consejos para mi nuevo ministerio y una demanda que tenía que cumplir. Al terminar la visita, mire el reloj y marcaba la 1:30 A.M. ¡Que obediencia la de estos ángeles!

Después de la visita, ore y me acosté. Recordaba las cosas que habían sucedido. Fue una experiencia inolvidable. Estando acostada, escuche una suave y hermosa voz, la voz del Espíritu Santo que me dijo: "Es el ángel más poderoso en mi ejército."

CAPÍTULO 8

Angelitos guerreros

Uno de los ministerios más hermosos que tiene los ángeles es ministrar el amor de Dios a los que serán herederos de la salvación. Una noche de oración, sentí la presencia de alguien cerca de mí. Al mirar hacia el lado derecho, vi dos angelitos pequeños vestidos con túnicas blancas, y calzaban sandalias doradas, su cabello era rubio. Eran unos angelitos preciosos y se sonreían conmigo. De ellos salía un resplandor inexplicable. No me hablaron, solo me miraban y se sonreían. Ha sido esta, una de las ocasiones en que más claramente he visto los ángeles. Como no me hablaron, continúe orando; pero de vez en cuando los volvía a mirar; eran preciosos y siempre sonreían. Más adelante volví a mirar, pero ya no estaban.

Llegan para quedarse

Otro día volvieron, y el líder me dijo: "Hemos sido enviados por el Señor Jesús para ministrar amor." Uno de ellos se llama Josué y el otro David, tienen nombres de guerreros. Al principio eran estos dos idénticos, parecían gemelos; después llego otro que tiene una sonrisa todo el tiempo, más que los primeros, se llama sonriente.

El Señor me envió estos angelitos en un tiempo en que yo estaba en muchas pruebas difíciles, Dios moldeaba mi carácter y personalidad ministerial. Ellos me ministraban amor y alegría, me animaron hasta que termino ese procesamiento. Sabemos que el Señor prometió enviarnos al Consolador, al Espíritu Santo cuando él se fuera, que no nos dejaría huérfanos. (San Juan 15:7) Cuando el hablo de la obra del Espíritu Santo, dijo que nuestra tristeza se convertiría en gozo. Y en Hebreos 1:14 dice que los ángeles son "espíritus ministradores;" ellos nos ministran alegría, amor y nos cuidan. Es el Espíritu Santo quien nos permite verlos y que nos ministren.

Estos tres angelitos siempre están juntos. Josué es el líder y el más comunicativo. Cuando tengo alguna preocupación o problema, a la hora de la cena se sienta conmigo, y habla hasta que me hace reír. Otras veces me anima y dice: "Confía en Dios." A veces me alerta sobre situaciones de peligro, cuando salgo de compras, caminando lo veo a mi lado muy sonriente. En la van, hacia los cultos, lo veo al frente cuidándonos en el camino.

Algo que me ha sorprendido de Josué es como batalla con los demonios y los vence. Así, pequeñito de estatura, tiene grande poder sobre ellos. Lo he visto batallar y arrastrar los demonios por el piso hasta que huyen. Es un angelito guerrero. Recordemos que aunque Dios permite que se manifiesten pequeñitos, son ángeles, y ellos son "poderosos en fortaleza."

Son ascendidos

Estando un día aun en la cama al despertar; vi a Josué, al líder de ellos al frente mío. Estaba diferente, traía sobre su cabeza una corona dorada y sobre su túnica un pectoral dorado. Se miraba bien bonito. Acariciando suavemente su pectoral me dijo: "Me ascendieron porque te amamos y te cuidamos bien." Tal parece que hay un sistema de ascensos para los ángeles cuando hacen bien su trabajo. Les entregan coronas y pectorales. (Apoc. 15:6) ¡Tenemos un Dios que entrega galardones!

"Mirad por nosotros mismos, para que no perdáis
el fruto de vuestro trabajo, sino que recibáis
galardón completo." (2 Juan 1:8)

Ministran amor

No puedo dejar de relatarles la experiencia de amor más impactante con estos preciosos angelitos. Un día, repentinamente, entraron estos tres angelitos por la puerta de mi apartamento. Venían caminando rapidito. Cada uno de ellos traía un regalo en sus manos y entraron a mi habitación colocando los regalos sobre el escritorio. El líder de ellos me dijo: "El Señor te envió estos regalos: canasta de frutas, arreglo de rosas rojas y una planta natural. Te los envía porque te ama, nadie para amarte como él. No esperes sino victoria segura y grande bendiciones." El otro angelito, David, me dijo: "Te ha enviado el Señor estas rosas rojas, son las más que te gustan. Te las envía porque te ama. Espera en él, es Dios veraz, no miente. Pronto él cambiara todo. Junto con las rosas rojas, verás unos mensaje que tú vas a ministrar a algunas personas que son del ministerio. Todos se cumplirá, si ellos obedecen las demandas de Dios." Yo mire el bello arreglo de rosas rojas y había varios rollitos de papel todos juntos. Sonriente llorando dijo: "El Señor sabe que te gustan las plantas naturales y te envió esta. No llores, pues me haces llorar a mí y yo soy Sonriente, sonríe tú también." Los tres angelitos me abrazaron con grande amor. Yo estaba llorando al ver tan grande manifestación del amor de Dios, usando estos angelitos. Mire sobre mi escritorio una tarjeta en la cual estaba escrito:

> *"Se complace Jehová en los que le temen, Y en los*
> *que esperan en su misericordia." (Salmo 147:11)*

CAPÍTULO 9

Viajando con los ángeles guerreros

Empacaba mi equipaje de prisa, iba a Puerto Rico. Mi progenitor estaba gravemente enfermo y quería verlo antes que partiera con el Señor. Tenía más de 90 años. Esta establecido en las Escrituras que "los días de nuestra edad son setenta años; y si en los más robustos ochenta años," (Salmo 90:10) Dios le había bendecido concediéndole largos años de vida. Llegué al aeropuerto con grande tristeza: Aunque él era salvo, y el Señor lo recibiría en su brazos, ya no lo vería más. Me daba prisa para verlo por última vez. Entre al avión recordando que el vuelo llegaba tarde en la noche. Aun desde el aeropuerto en San Juan Puerto Rico tendría que viajar en automóvil una hora más, hacia la ciudad que me vio nacer.

Se movían en mi mente multitud de pensamiento envueltos en tristeza. Me sentía sin deseos de comunicarme. Sentía que pronto perdería a una persona que amaba tanto, que era tan amoroso y siempre me ayudó. Mientras pensaba en estas cosas, apareció el aviso de ajustarse los cinturones. Obedecí mecánicamente y comencé a orar. Le pedí a Dios que nos guardara en el viaje, que ayudara a los pilotos y las azafatas que nos iban a servir. Pronto el avión despego y estábamos en el aire. Recosté mi cabeza sobre el asiento y seguí orando por largo rato. Casi todo el viaje estuve con los ojos cerrados o mirando hacia el frente, pues volábamos entre las nubes y no había nada que observar por la ventana. De repente, sentí levantar mi cabeza y mirar por la ventana. Sorpresivamente, mis ojos contemplaron en una de las alas del avión a dos angelitos pequeños. Uno estaba sentado sobre el ala, y el otro en pie, levantaba su mano y me saludaba alegremente. Observe que el viento les daba fuertemente sobre el cabello y sus túnicas blancas se movían según el viento les golpeaba, pero ahí estaban ellos, firmes. Eran los angelitos que el Espíritu Santo me muestra en los momentos de tristeza para consolarme, son alegres y muy amorosos. Una vez más los veía cerca de mí, viajaban conmigo. Me acordé entonces que además de ellos, viajaban conmigo Sonriente, Miguel, Marcos, y la escolta de ángeles del ministerio. Les salude con una amplia sonrisa, les dije de esa manera: "Les estoy mirando. ¡Qué bueno que están conmigo!"

En mi premura, no pensé en nada, ni recordé que ángeles iban conmigo. El Espíritu Santo, que nos abre los ojos espirituales para que veamos las bellas cosas de Dios, me dejo contemplarlos.

"Antes bien, como está escrito: Cosas que ojo
no vio, ni oído oyó, ni han subido en corazón de
hombre, son las que Dios ha preparado
para los que le aman." (1 Cor. 2:9)

El ministerio angelical nos rodea en todo momento, en todo lugar. Algunos piensan que los ángeles están en el cielo, o en el templo solamente, o cuando oramos en nuestra habitación, pero ellos están siempre cerca de nosotros.

Despedida

Gracias a Dios, pude llegar a tiempo al lado de mi progenitor. Sonriendo se sentó en su cama y juntos alabamos al Señor. Recuerdo el cantico:

//Quiero levantar a ti mis manos
Quiero levantar mi voz
Ofreciendo a ti mi vida
En santidad y amor
Padre, solo a ti te ofrezco
Mi vida y mi corazón
Y me postro en tu presencia
En adoración
Hijo de Dios recibe hoy
Toda la gloria, la honra y honor\\

Junto a nosotros estaban también los ángeles, alabando a Dios. La presencia de Dios fue grande, lagrimas salían de nuestros ojos; mi hermana, él y yo. Fue la última vez que cante con él, a los pocos días se lo llevo el Señor. Doy gracias a Dios que me concedió compartir con él en sus últimos días. Y el día de su funeral, se me concedió el honor de ministrar la ceremonia en el cementerio. También pude estar en la tumba de mi progenitora.

Viajando con ángeles en las Sagradas Escrituras

Veamos los versos que confirman esto en Génesis 24. Abraham ya estaba viejo, y Jehová lo había bendecido grandemente. Él no quería que su hijo Isaac tomara mujer de las cananeas. Y envió a un criado suyo, el más viejo de la casa, para que fuera a su tierra y tomara mujer para su hijo Isaac. Cuando el salía de viaje, Abraham le dijo:

> *"Entonces él me respondió: Jehová, en cuya*
> *presencia he andado, enviará su ángel contigo,*
> *y prosperará tu camino; y tomarás para mi*
> *hijo mujer de mi familia y de la*
> *casa de mi padre." (Génesis 24:40)*

Cuando Elías salió de viaje huyendo de la malvada reina Jezabel, y se encontraba en el desierto, vemos un ángel que viajaba con él y hasta le alimento.

> *"Y echándose debajo del enebro, se quedó*
> *dormido; y he aquí luego un ángel le tocó,*
> *y le dijo: Levántate, come. Entonces él miró,*
> *y he aquí a su cabecera una torta cocida sobre*
> *las ascuas, y una vasija de agua; y comió*
> *y bebió, y volvió a dormirse. Y volviendo*
> *el ángel de Jehová la segunda vez, lo tocó,*
> *diciendo: Levántate y come, porque*
> *largo camino te resta." (1 Reyes 19:5-7)*

¡Nos falta fe! Dios haría maravillas, si nosotros creyésemos más su Palabra.

CAPÍTULO 10

Ministrando con ángeles en el templo

Cuando daba mis primeros pasos en el evangelio, el Señor fue muy bueno conmigo me abrió puertas para predicar rápidamente. La congregación a la cual asistía no era pequeña, el informe de la Escuela Dominical llegaba a sobrepasar mil personas. Sin embargo, Dios se las arregló para abrir puertas para que predicara allí y en otras congregaciones.

Puerto Rico

Una noche en la que predicaba en otra congregación, ocurrió algo sorprendente y nuevo para mí. Una hermana vio un personaje con una túnica blanca, que se movía a mi lado según yo me movía. "Si usted se movía a un lado, él la seguía, al usted bajar del altar a ministrar, él también la seguía de cerca." –dijo ella. Como yo llevaba poco tiempo en los caminos del Señor, no entendí aquello. Ya sé que era un ángel que ministraba conmigo.

Venezuela

Hacia cuatro años que Dios me llamaba de muchas maneras para Venezuela. No sabía exactamente a que, ni cuando, y las Escrituras nos manda a ser entendido en los tiempos. (1 Crónicas 12:32) Estuve en una búsqueda profunda en la oración y en las Sagradas Escrituras. Sabía que el Señor me estaba preparando para una misión, pero no sabía cuál era. Llego a mi casa la directora de un Instituto Rodante y me dijo que iba para Venezuela a preparar obreros; que necesitaba personas que enseñaran las Escrituras. En esta ocasión estaríamos enseñando las Escrituras a Pastores y líderes en San Fernando de Apure en Venezuela. Aunque sabía que el Señor me llamaba para Venezuela, le dije: "Tengo que orar y confirmar si es esto a lo que el Señor me llama a Venezuela." (Rom. 8:14) Ore al Señor y recibí clara confirmación, y con permiso de las autoridades, (Hebreos 13:17) Salí para Venezuela con el Instituto Rodante. Se movió el poder de Dios en ese Instituto de una manera gloriosa. En una de las materias que se llama Teología Bíblica estuve instruyendo sobre los ángeles. Uno de los estudiantes levanto la mano y testifico que mientras yo enseñaba la lección, el vio un ángel a mi lado.

Estados Unidos de Norte América

Cuando veía la bandera de los Estados Unidos de Norte América en los cultos misioneros, me impactaba el poder del Espíritu Santo. Dios me llamaba a los Estados Unidos de Norte América de muchas maneras. Finalmente, estuve predicando en una congregación en Puerto Rico y la Pastora me profetizo que salía de viaje, y que era "ya." Efectivamente, Dios no miente, al otro día me llamaron por teléfono y se abrieron las puertas. En pocos días, salía de viaje para los Estados Unidos de Norte América, con gastos pagos y en primera clase. ¡Gloria Dios!

Comencé predicando en Nueva York, luego Illinois, Indiana y Ohio donde decidí establecerme por un tiempo, Dios me movió de Ohio a Missouri. En un culto glorioso, el Espíritu Santo se movió de una manera bien especial. Mientras cantábamos, abrí los ojos y pude contemplar claramente un ángel en ambos lados del pulpito. Cuando termine el cantico, sentí testificar lo que había visto. Salió un fuego del Espíritu Santo desde el pulpito; impactando con su presencia a los que allí estábamos adorando a Dios. Así fue confirmado que habían ángeles en aquel lugar. ¡A Dios sea toda la gloria y la honra!

Leamos en las Escrituras donde un ángel ministro en el templo. Zacarías y Elisabeth, padres de Juan el Bautista, no tenían hijos porque ella era estéril. Un día mientras Zacarías ministraba en el templo, se le apareció un ángel del Señor puesto en pies a la derecha del altar.

"Pero el ángel le dijo: Zacarías, no temas;
porque tu oración ha sido oída, y tu mujer
Elisabeth te dará a luz un hijo, y llamarás su
nombre Juan. Y tendrás gozo y alegría, y muchos
se regocijarán de su nacimiento;" (Lucas 1:13-14)

CAPÍTULO 11

Ángeles guerreros en el arrebatamiento de la iglesia

Los ángeles tienen una importante encomienda en el arrebatamiento de la iglesia de Jesucristo. ¿Qué es el arrebatamiento de la iglesia?

> *"Porque el Señor mismo con voz de mando,*
> *con voz de arcángel, y con trompeta de Dios,*
> *descenderá del cielo; y los muertos en Cristo*
> *resucitarán primero. Luego nosotros los que*
> *vivimos, los que hayamos quedado, seremos*
> *arrebatados juntamente con ellos en las nubes*
> *para recibir al Señor en el aire, y así estaremos*
> *siempre con el Señor." (1 Tes. 4:16-17)*

Se habla aquí de cuando Jesucristo venga por su verdadera iglesia. Es una iglesia santa y llena del poder de Dios. El apóstol Pablo describe esa iglesia así:

> *"A fin de presentársela a sí mismo, una iglesia*
> *gloriosa, que no tuviese mancha ni arruga*

ni cosa semejante, sino que fuese
santa y sin mancha." (Efesios 5:27)

¿Cuándo ocurrirá el arrebatamiento de la iglesia? No lo sabemos, nadie lo sabe, ni Jesús, ni los ángeles, sino el Padre. (Marcos 13:32) Es por esto que nuestros vestidos deben estar sin manchas, debemos vivir la Palabra de Dios. En este tiempo está la iglesia que se va con Cristo. También están los que se van a quedar cuando el venga por su iglesia verdadera; los que por alguna razón no estarán preparados y no podrán irse con él.

"Entonces estarán dos en el campo; el uno
será tomado, y el otro será dejado. Dos mujeres
estarán moliendo en un molino; la una será tomada,
y la otra será dejada. Velad, pues, porque
no sabéis a qué hora ha de venir
vuestro Señor." (Mateo 24:40–42)

Es posible también, que en una banca en el templo, uno sea tomado y el otro dejado.

Personas que fueron arrebatadas por Dios

No podemos dudar de la veracidad de las Escrituras. ¿Por qué dudar que el Padre enviará a su Hijo Jesucristo a buscar a los que viven conforme a su voluntad? Él ha prometido librarnos de los juicios terribles que vendrán, si le obedecemos. (1 Tes. 1:10) Aun desde el Antiguo Testamento vemos que Dios arrebató y se llevó para el cielo a quienes vivieron una vida agradable a él. Veamos.

1. Enoc

"Caminó, pues, Enoc con Dios, y desapareció,
porque le llevó Dios." (Génesis 5:24)

2. Elías

> *"Y aconteció que yendo ellos y hablando, he*
> *aquí un carro de fuego con caballos de fuego*
> *apartó a los dos; y Elías subió al cielo*
> *en un torbellino." (2 Reyes 2:11)*

Leamos en el Nuevo Testamento cuando Jesús fue llevado para el cielo.

> *"Y habiendo dicho estas cosas, viéndolo ellos,*
> *fue alzado, y le recibió una nube*
> *que le ocultó de sus ojos." (Hechos 1:9)*

Podemos decir que estos casos son tipo del arrebatamiento de la iglesia. Es suficiente base escritural para creer que Dios también nos llevara a nosotros con él, si vivimos en obediencia a su Palabra. Si verdaderamente creemos las Escrituras, debemos vivir como que estamos esperando a Cristo. De otra manera, cuando el venga por su iglesia, nos quedaremos para el reinado del anticristo. Lo que tenemos que preguntarnos a nosotros es, si viniera Cristo por su iglesia, ¿Me iría con él? ¿Cómo es mi vida ante la presencia de Dios? ¿Estoy yo en paz con todos? ¿Vivo apartado del pecado?

> *"Seguid la paz con todos, y la santidad, sin la cual*
> *nadie verá al Señor." (Hebreos 12:14)*

Los ángeles en el arrebatamiento de la iglesia

> *"Y enviará sus ángeles con gran voz de trompeta,*
> *y juntarán a sus escogidos, de los cuatro vientos,*
> *desde un extremo del cielo hasta el otro." (Mateo 24:31)*

Las Escrituras dice que él que tocara la trompeta para reunir al pueblo de Dios en el aire, será un ángel. ¿Quién será? ¿El Arcángel Miguel? ¿Gabriel? ¿Otro? Solo Dios lo sabe.

En el Antiguo Testamento, los israelitas tocaban la trompeta en festividades y ceremonias religiosas importantes. Además las tocaban cuando iban a la guerra; al tocarlas, Dios les salvaba de sus enemigos. Pero hay algo que quiero hacer notar, y es que también las tocaban para que el pueblo se reuniera frente al Tabernáculo.

"Y cuando las tocaren, toda la congregación
se reunirá ante ti a la puerta del
tabernáculo de reunión." (Números 10:3)
"Y los hijos de Aarón, los sacerdotes, tocarán
las trompetas; y las tendréis por estatuto
perpetuo por vuestras generaciones." (Números 10:8)

El arrebatamiento de la iglesia será un acontecimiento importante, reunirá a la verdadera iglesia de Jesucristo para llevarla al Tabernáculo de Dios con los hombres, a la Nueva Jerusalén. (Apoc. 21:2-3) Es por esto que es necesario que se toque la trompeta. Al sonar la trompeta, nuestros cuerpos serán transformados, se nos dará un cuerpo glorificado como el de Jesús cuando resucito.

"en un momento, en un abrir y cerrar de ojos,
a la final trompeta; porque se tocará la trompeta,
y los muertos serán resucitados incorruptibles,
y nosotros seremos transformados." (1 Corintios 15:52)
"el cual transformará el cuerpo de la humillación
nuestra, para que sea semejante al
cuerpo de la gloria suya," (Filipenses 3:21)

Es en ese momento, cuando seremos arrebatados en las nubes por el poder del Espíritu Santo para recibir al Señor en el aire. Los ángeles ministraran al pueblo de Dios, y lo juntara en el aire para partir hacia las moradas celestiales. Cuando todos ya estamos reunidos en el aire con Jesús comenzaremos nuestro viaje. No olvidemos que los aires están llenos de principados, potestades, gobernadores de las tinieblas, huestes espirituales de maldad que intentaran atacarnos en nuestro viaje a las moradas que Cristo ha preparado para nosotros. Pero no tenemos nada que temer, él va al frente y los ángeles guerreros serán nuestra escolta hasta llegar; todo será victoria.

Entraremos por las puertas de perlas de la ciudad, la Nueva Jerusalén, el Tabernáculo de Dios con los hombres; y veremos la gloriosa ciudad de oro puro. (Apoc. 21:21) Un rio limpio de agua de vida sale del trono de Dios. Allí estará el árbol de la vida y las hojas del árbol que son para la sanidad de las naciones. Limpiara Dios toda lagrima y la muerte no será más. No habrá más llanto, ni más dolor. (Apoc. 21:4) Veremos al Señor cara a cara y su nombre estará en nuestras frentes. (Apoc. 22:4) Se celebraran las bodas del cordero, que es la reunión de Cristo con su iglesia. ¡Nos gozaremos y nos alegraremos compartiendo con Pedro, Pablo, Moisés, la valiente Débora, Esther y todos nuestros hermanos que vencieron! ¡Estarán también el Arcángel Miguel, Gabriel y los muchos millares de ángeles!

"sino que os habéis acercado al monte de Sion,
a la ciudad del Dios vivo, Jerusalén la celestial,
a la compañía de muchos millares de ángeles," (Hebreos 12:22)

Sera la fiesta más grande y hermosa que jamás hayamos presenciado. ¡Nos entregarán nuestras vestiduras blancas y nuestras coronas, habrá galardones y comeremos del maná escondido! ¡Gloria a Dios!

CAPÍTULO 12

Ángeles de juicio en los acontecimientos finales

Muchos se preguntan, ¿Qué sucederá con los que no sean levantados en el arrebatamiento de la iglesia? Apocalipsis explica que surgirá un gobierno poderoso que tomará el control de toda persona en la tierra. Será el reino del Anticristo, Satanás reinando a través de su mesías.

El Anticristo

Al Anticristo en las Escrituras se la llama el hombre de pecado, el hijo de perdición, la Bestia. Se opondrá y se levantará contra todo lo que se llame Dios o sea objeto de culto. Se sentara en el templo de Dios, como Dios y se hará pasar por Dios. Su venida será por obra de Satanás, con gran poder y señales. (2 Tesalonicenses 2:4-9) Le acompañará un falso profeta en su reinado, que guiará a los habitantes de la tierra para que adoren la Bestia. Este falso profeta hará grandes señale; descenderá fuego del cielo a la tierra delante de los hombres para engañar a los moradores de la tierra. Levantarán imagen de la Bestia y el que no la adore será muerto. (Apocalipsis 13)

Se ordenará a todos que se pongan una marca en su mano derecha, o en su frente. Nadie podrá comprar, ni vender, sino los que tuvieren la marca o el nombre de la bestia, o el número de su nombre, el seiscientos sesenta y seis. (666) El que no se deje poner esta marca, será muerto.

"Y vi las almas de los decapitados por causa del
testimonio de Jesús y por la palabra de Dios,
los que no habían adorado a la bestia ni a su imagen,
y que no recibieron la marca en sus frentes
ni en sus manos;" (Apocalipsis 20:4)

Los que no sean levantados en el arrebatamiento de la iglesia, los que no se vayan con Jesús, no tendrán forma de sobrevivir económicamente. No podrán comprar, ni vender, ni trabajar; porque estarán fuera de ley en este nuevo sistema de gobierno mundial. Inmediatamente que se nieguen a poner la marca serán arrestados, o los que intenten huir serán perseguidos hasta lograr su encarcelamiento y muerte. ¿Qué sucederá con estas personas desde su arresto hasta la muerte? Estoy segura que este nuevo gobierno obligara de todas formas a que se pongan la marca de la bestia. ¡Imagine usted las formas que usaran! Es por esta que dicen las Escrituras que en aquellos días buscaran la muerte y no la hallarán. Desearan morir antes de pasar por estas terribles cosas.

"Y en aquellos días los hombres buscarán la muerte,
pero no la hallarán; y ansiarán morir, pero la
muerte huirá de ellos." (Apocalipsis 9:6)

Si alguno recibe la marca de la bestia en su frente o en su mano, beberá de la ira de Dios, se perderá para siempre. (Apocalipsis 14:9-10) Muchos de los que se queden negaran a Cristo, otros resistirán valientemente y se salvaran por un fuego terrible.

"Estos son los que han salido de la gran tribulación,
y han lavado sus ropas, y las han emblanquecido
en la sangre del Cordero." (Apocalipsis 7:14)

Se le dará autoridad al Anticristo para actuar cuarenta y dos meses, tres años y medio; y se le permitirá hacer guerra contra los cristianos que se quedaron, y vencerlos.

Los dos testigos

Durante la tribulación surge un ministerio profético, los dos olivos, los dos testigos de Dios. De ellos habló el profeta Zacarías. (Zacarías 4:3-14) Si alguien quiere dañarlos, sale fuego de sus bocas y los devora. Tienen poder para cerrar los cielos y que no llueva; que las aguas se conviertan en sangre y herir la tierra con toda plaga. Algunos dicen que son Moisés y Elías, yo no creo que sean ellos. Lo que creo es, que el mismo espíritu de poder que estuvo con Moisés y Elías estará con ellos, con grandes señales confirmando su profecía. (Apocalipsis 11:5-6) Cuando termine su ministerio de mil doscientos setenta días, tres años y medio; la bestia los vencerá y los matara. Sus cadáveres serán exhibidos en Jerusalén y habrá grande regocijo entre los moradores de la tierra.

Después de tres días y medios, los dos olivos resucitarán y habrá gran temor. En medio de todos una gran voz del cielo gritará: "Subid acá." Y como Jesús, subirán al cielo en una nube. (Hechos 1:9)

La gran ramera

¿Quién es la gran ramera que habla Apocalipsis 17-18? Uno de los siete ángeles que tenían las siete copas le dijo a Juan: "Te mostrare la sentencia contra la gran ramera." Juan fue en el Espíritu al desierto y vio la gran ramera sobre una bestia.

Veamos las características de la gran ramera

1- Fornica con los reyes de la tierra y los moradores de la tierra se embriaga con el vino de su fornicación. Se refiere a fornicación "espiritual," predican a Jesucristo, pero no les son fieles a él.

2- La mujer estaba vestida de purpura y escarlata, adornada con oro, piedras preciosas y perlas. Tenía un cáliz de oro en su mano. ¿Quién se viste con esta ropa lujosa para ministrara? ¿Quiénes usan un cáliz de oro en sus ceremonias religiosas?

3- Tenia un nombre escrito: "Babilonia la grande, la madre de las rameras y de las abominaciones de la tierra." Se asocia esta ramera con la antigua Babilonia.

a. ¿Quiénes todavía adoran la reina del cielo como la antigua Babilonia? (Jeremías 44:17-25)

b. ¿Quiénes hacen un pan, dicen que ese pan es realmente Cristo, y le adoran; como los sacerdotes de Osiris (dios sol), que en sus ritos comían su dios pan para nutrir sus almas?

c. ¿Quiénes prohíben casarse a sus sacerdotes, como en la antigua Babilonia bajo el reinado de Remiramos? Los sacerdotes de Jehová se casaban (Levíticos 21:13-14) Pastores se casan (1 Timoteo 3:1-2)

4- Estaba ebria de la sangre de los santos y de los mártires de Jesús. ¿Qué organización se embriago de la sangre de los cristianos? ¿Quiénes mataron, quemaron vivos a millones de cristianos, tan solo por ser cristianos que obedecían la Biblia y no aceptaban sus falsas doctrinas?

5- La ramera se sienta sobre pueblos, muchedumbres, naciones y lenguas. ¿Cuál es la organización que actualmente ejerce poder político y religioso en el mundo entero? Creo que ya, en estos momentos usted sabe quién es la gran ramera.

La bestia sobre la cual estaba sentada la gran ramera tenía diez cuernos, son diez reinos que en un momento dado tendrán autoridad como reyes juntamente con la bestia. Ellos le entregaran su poder y su autoridad al Anticristo. La bestia y estos diez reyes se unirán y tomaran el control económico y político en la tierra, pero la gran ramera, que estaba sentada sobre la bestia en Apocalipsis 17, será la que tome el control religioso. Todos unidos, con un mismo propósito, controlaran todos los habitantes de la tierra. ¿Cómo lo harán? Con el seiscientos sesenta y seis, (666) el sistema numérico que pronto se establecerá en la tierra.

Finalmente, la gran ramera, que ya está sentenciad, será quemada con fuego. (Apocalipsis 18:8)

Nuevo gobierno mundial

Para 1974, en los medios noticiosos, los líderes de la Confederación del Mercado Común, hablaron de "la bestia." Una computadora que se auto-programa; ocupa tres pisos en las oficinas centrales del Mercado Común. Los expertos en computadora están planificando computar electrónicamente el comercio mundial y a todos los habitantes. Debido a la crisis económica mundial, preparan un plan de restauración. En este plan la computadora asignara un número a todo habitante de la tierra. Este número se usara en toda compra y venta; y nadie podrá comprar ni vender sin ese número. El número será invisiblemente tatuado con rayos laser sobre la frente o el dorso de la mano; y será visible con examinadores infrarrojos que serán colocados en todos los negocios.

"Se le pregunto a un líder del Mercado Común. ¿Qué sucedería si alguien rehusara cooperar? Respondió: tendríamos que usar la fuerza para hacerlo conformarse a los requerimientos. En uno de los discursos declararon: No queremos otro comité; ya tenemos demasiados. Lo que queremos es un hombre, con suficiente estatura, que conste con la lealtad de todos para levantarnos del fango económico en que nos estamos hundiendo. Envíen tal hombre, sea Dios o el diablo, le recibiremos." (Tomado del Moody Magazine)

Hace un tiempo, dialogue con una líder de concilio, y me relato de su viaje a ver, "la bestia." Me explico que el edificio ocupaba una cuadra y en algunos lugares se veía el "666." No se podía tomar fotos, estaba prohibido. Me narró también que unos misioneros fueron a comprar en un negocio en Estados Unidos de Norte América. Estando ellos en fila para pagar, había un cliente delante de ellos. La empleada le dijo la cantidad que tenía que pagar. El sacó su mano y se la mostro, diciéndole que cobrara de ahí, de la mano. La cajera le dijo asombrada: "no veo nada en su mano." Él le dijo: "Llame al gerente." Llego el gerente y dialogo con él. Finalmente el gerente aceptó que todo estaba pago. Una Pastora de Ohio me explico que sabía de alguien que en el banco le pusieron una marca invisible en su mano para los servicios bancarios. Tal parece que esto ya está a nivel experimental en algunos negocios.

En los medios noticiosos, algunos han intercedido para que se implante en los niños las micro cápsulas en la mano derecha o en la frente, para ayudar en los secuestro de los niños. Se sugirió que tuviera la identidad del niño y su record médico. Usando satélites se localizarían rápidamente los niños secuestrados. Algunos creen que estas micro cápsulas podrían ser el comienzo de la marca de "la bestia." Todo esto grita a grandes voces que el gobierno del Anticristo será implantado pronto, el plan ya está en camino.

Es necesario que el pueblo de Dios este alerta, preparado, porque ya se acerca el arrebatamiento de la iglesia de Jesucristo. Él dijo que estuviéramos preparados, "porque el Hijo del Hombre vendrá a la hora que no pensáis." (Mateo 24:44)

Fin del reinado del Anticristo

Una gran voz del cielo le dice a siete ángeles: "Id y derrama sobre la tierra las siete copas de la ira de Dios." Vestidos de lino limpio y resplandeciente, y ceñido alrededor del pecho con cintos de oro, se les entregaron siete copas de oro, llenas de la ira de Dios. El primer ángel derramará su copa sobre la tierra, y aparecerán ulceras malignas sobre los habitantes de la tierra que tiene la marca de la bestia. El segundo ángel derramará su copa sobre el mar y se convertirá en sangre y morirá todo lo que haya en el mar. El tercer ángel derramará su copa sobre los ríos, y sobre las fuentes de las aguas y se convertirán en sangre. El cuarto ángel derramará su copa sobre el sol, al cual será dado quemar a los hombres con fuego y gran calor. El quinto ángel derramará su copa sobre el trono de la bestia, y su reino se cubrirá de tinieblas y morderán de dolor sus lenguas, blasfemando a Dios por sus dolores y sus ulceras. El sexto ángel derramará su copa sobre el gran rio Éufrates, y el agua de este se secará, para que esté preparado el camino a los reyes del oriente.

Juan, en su relato en Apocalipsis, ve salir demonios de la boca de la trinidad satánica; el dragón (Satanás), la bestia (el Anticristo) y el falso profeta. Estos demonios hacen señales, y van por todo el mundo engañando a los reyes para reunirlos para la batalla del Armagedón. El séptimo ángel derramará su copa por el aire y una gran voz del cielo se escuchara decir: "hecho está" Entonces habrá relámpagos, truenos y un gran terremoto como nunca antes. (Apocalipsis 16:18)

Finalmente, la bestia y el falso profeta reunirán a los reyes de la tierra contra Israel en un lugar que en hebreos se llama Armagedón. Se cree que es el valle de Meguido, el cual se levantó sobre la ladera del monte Carmelo, que por su posición geográfica, en tantas ocasiones ha sido lugar de muchas batallas importantes. En esta batalla viene Cristo desde el cielo, con su iglesia triunfante y el ejército de ángeles contra ellos, obteniendo una grande victoria. Es el Rey de Reyes y Señor de Señores. (Apocalipsis 19:11-16)

> *"Y vi a la bestia, a los reyes de la tierra y a*
> *sus ejércitos, reunidos para guerrear contra*
> *el que montaba el caballo, y contra su ejército.*
> *Y la bestia fue apresada, y con ella el falso profeta*
> *que había hecho delante de ella las señales con*
> *las cuales había engañado a los que recibieron la*
> *marca de la bestia, y habían adorado su imagen.*
> *Estos dos fueron lanzados vivos dentro de un*
> *lago de fuego que arde con azufre. Y los demás*
> *fueron muertos con la espada que salía de la boca*
> *del que montaba el caballo, y todas las aves se*
> *saciaron de las carnes de ellos." (Apocalipsis 19:19-21)*

Así terminara el reinado del Anticristo, en una total derrota para Satanás y bajos juicios terribles en la tierra. Son los ángeles de juicio los que Dios usará para dejar este planeta Tierra devastado.

¡Que poder tan grande le será otorgado a estos ángeles! (Las siete copas de la ira de Dios Apocalipsis 16)

Usted no tiene que pasar por estos juicios terribles. Reciba a Jesucristo como su único Salvador y Señor, apártese del pecado y viva conforme a lo que Dios establece en las Sagradas Escrituras. Entonces será arrebatado juntamente con la verdadera iglesia de Jesucristo y se librara de estos juicios que vendrán sobre la tierra.

Pronto vendrá el Señor

Pronto vendrá el Señor su iglesia a levantar, gloriosa,
la iglesia que compro a precio de sangre preciosa.
Los ángeles vendrán, allí se reunirá su pueblo.
// Allí yo quiero estar para escuchar su voz
cuando me diga: Ven, buen siervo. //